KB052521

팩트로 보는 일제 말기 강제동원1

'남양군도'의 조선인 노무자

강제동원 & 평화총서 14

팩트로 보는 일제 말기 강제동원 1
'남양군도'의 조선인 노무자

초판 1쇄 인쇄 2019년 8월 20일
초판 1쇄 발행 2019년 8월 30일

저 자 정혜경

펴낸이 윤관백
펴낸곳 도서출판 선인

등 록 제5-77호(1998. 11. 4)
주 소 서울특별시 마포구 마포대로 4다길 4
전 화 02-718-6252
팩 스 02-718-6253
E-mail sunin72@chol.com

정 가 15,000원

ISBN 979-11-6068-291-5 94900
      978-89-5933-473-5 (세트)

■ 저자와의 협의에 의해 인지 생략.
■ 잘못된 책은 교환해 드립니다.

강제동원 & 평화총서 14

팩트로 보는 일제 말기 강제동원 1

'남양군도'의 조선인 노무자

정혜경

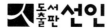
도서출판 선인

'팩트로 보는 일제 말기 강제동원1 - 남양군도의 조선인 노무자'는 2011년 8월 6일 창립한 일제강제동원&평화연구회의 시리즈물 가운데 첫 번째 출간물이다.

연구회(https://cafe.naver.com/gangje#)는 한국과 일본의 연구자와 시민들이 함께 만들어가는 일제 강제동원 자료센터이자 네트워크이다. 창립 후 첫 번째 총서는 연구자 대상의 연구총서였으나 2019년 4월까지 발간한 총 21권의 총서 가운데 비중은 이야기책(담장)이나 문고판(감동) 등 일반 시민을 위한 출간물이 높다. 시민들의 건강한 역사 인식이 일제 강제동원의 역사가 남긴 교훈을 되새기고 미래로 나아갈 수 있는 길이라는 연구회의 출판 방향 때문이다.

일제 말기 일본국가권력이 수행한 강제동원 정책은 현재 한국 사회에 알려진 내용보다 다양하고 복잡한 구조로 운영되었다. 당국은 인력은 물론 물자와 자금을 총동원해 전쟁을 수행했다. 동원지역도 광범위하고, 동원대상도 지역별로 차이가 있었으며 동원방법도 다양했다. 그러나 현재 조금이나마 알려진 내용은 인력 동원에 불과하고 일본지역 탄광에 동원된 사례가 대부분이다. 관심의 대상도 청장년 남성 중심이어서 노인이나 여성, 어린이에 대해서는 주목하지 못하고 있다. 그러므로 실증적인 연구가 이루어져야 하고, 연구 성과를 시민들과 나누려는 노력도 필요하다.

특히 전후 최악의 한일관계를 맞이한 2019년은 한국 사회가 일제 말기 강제동원의 역사에 관심을 집중하는 해가 되었다. 그러나 한일갈등관계가 최고조에 달하면서 3·1운동 100주년을 맞아 한일 양국민들이 대일역사문제를 거시적 관점에서 바라보고 아시아태평양의 평화를 선도할 수 있는 기회를 살리지 못했다. 이러한 시기에 한국 사회에 필요한 일은 무엇일까. 일제 말기 강제동원의 역사라는 '사실의 무게'를 제대로 느끼는 일이다.

한국 사회에서 일제 말기 강제동원 역사에 관심을 가진 시민들은 적지 않다. 그에 비해 시민들의 지적 욕구를 채워주는 출간물은 풍부하지 않은 편이다. 오히려 편향되거나 왜곡된 내용을 전달하는 경우가 많았다. 학계가 연구에 집중하지 못한 상황에서, 제대로 검증하지 못한 내용이 교과서를 비롯한 역사미디어를 통해 알려지기도 했다.

역사미디어는 시민들이 역사와 접하는 창구인데, 창구가 제 역할을 못하다보니 일본 우익이나 국내에서 '강제동원은 없었다'고 주장하는 이들의 좋은 표적이 되기도 했다. 이런 상황을 맞이한 가장 큰 책임은 학계에 있다고 생각한다.

더구나 시민은 계몽의 대상이 아니다. 연구자는 독자들이 스스로 일제 말기 강제동원의 역사를 이해하도록 돕는 역할에 충실해야 한다. 그 방법의 하나는 어떤 주장이나 이론이 아닌 당시 있었던 사실, '팩트Fact'에 주목하도록 제공하는 것이다.

이러한 문제의식에 따라 일제강제동원&평화연구회는 2017년 '팩트로 보는 일제 말기 강제동원' 시리즈를 기획했다. 다양한 주제별로 공식 문서와 신문기사, 사진, 명부, 회고록 등 풍부한 자료를 제시함으로써 강제동원에 관심을 가진 시민들의 갈증을 조금이나마 해소하면 좋겠다. 일본어와 한자, 영어 자료를 원문과 함께 번역문과 설명문을 실어 별도의 자료나 참고문헌을 찾지 않고도 이해할 수 있도록 했다. 책 말미에 참고문헌을 수록해 연구 성과도 소개했다.

'팩트로 보는 일제 말기 강제동원' 시리즈의 제1권의 주인공은 '남양군도'에 동원한 조선인 노무자이다.

'남양군도'

현재 우리 사회에서 너무나 생경한 단어이다. 당연하다. '남양군도'란 일본이 제1차 세계대전 참전 과정에서 차지해 1945년 패망할 때까지 통치했던 중서부 태평양 지역의 이름이었고, 지금은 어디에서도 사용하지 않은 지명이기 때문이다. 아무도 모르는 지명이지만 우리 동포들이 침략전쟁에 동원되었던 곳이다.

이 지역의 강제동원을 이해하기 위해 1910년대부터 '남양군도'를 밟은 동포들의 역사에서 시작했다. 남양군도라 불렀던 중서부 태평양에는 많은 조선인 군인과 군무원이 동원되었으나 이 책에서는 노무자로 동원된 동포들만을 담았다.

연구회는 '팩트로 보는 일제 말기 강제동원1 – 남양군도의 조선인 노무자'를 출발점으로 '여성동원, 어린이 동원, 근로보국대, 학생동원, 지원병, 징병, 공습, 원폭 피해, 민간방공, 강제저축, 배급, 암시장, 식량문제, 전후 유골봉환, 대일배상' 등 다양한 주제의 시리즈를 출간할 예정이다. '팩트로 보는 일제 말기 강제동원' 시리즈를 통해 한국 사회의 건강한 역사 인식 축적과 이를 토대로 한일역사갈등의 터널을 벗어날 수 있지 않을까. 조심스럽게 거는 기대이다.

일제강제동원&평화연구회의 총서는 도서출판 선인의 헌신성으로 출간되고 있다. 도서출판 선인은 2011년 이후 지금까지 연구회의 취지에 공감해 어려움을 감수하고 출판을 전담하고 있다. 연구회 창립 당시 어렵게 총서 출판을 부탁했을 때, 윤관백 대표는 1초만에 대답했다. "당연히 우리가 해야지요. 우리 출판사가 아니면 누가 그 일을 하겠습니까!"

도서출판 선인 식구들은 '사람이 먼저'라는 출판사 이름을 올곧이 실천하는 분들이다. 박애리 실장님과 편집부 직원들에게 머리 숙여 감사드린다.

2019년 8월 정혜경

[일러두기]
- 독자들의 이해를 돕기 위해 항목마다 주요 용어와 사실(事實)에 대해 설명했다.(■)
- 앞의 항목에서 설명했음에도 필요하다고 판단한 용어와 사실은 다시 설명했다.
- 외국어 인명과 지명은 병기했으며
- 한자가 필요한 단어는 보라색으로 작게 병기하였다.
- 자료(신문, 문서)는 원문 그대로 표기했고,
- 원문에서 설명이 필요한 부분은 [*]를 추가했다.
- 자료(신문, 문서)의 제목은 한글로 기재하고 [ ]안에 원문을 병기했다.
- 자료 원문에서 강조할 문장은 굵은 글자로 표현했고,
- 자료의 출처는 제목 옆에 기재했다.

■ 남양군도(南洋群島)

1914년부터 1945년 8월 일본 패전까지 일본의 통치를 받은 중서태평양 지역623개 섬. '남양군도' '남양제도' '내남양'이라는 이름으로도 불렸으나 제1차 세계대전으로 일본이 중서부 태평양지역마샬, 캐롤린, 마리아나 군도을 차지한 후 점령지를 공식적으로 '남양군도'라 불렀음. 주요 섬은 사이판Saipan, 팔라우Palau, 축Chuuk, 폰페이Pohnpei, 콰잘린Kwajalein 등

일본은 '설탕을 얻기 위한 사탕수수 재배지 및 동남아시아와 남태평양으로 진출하기 위한 전략 거점'으로 이용했고, 1941년 12월 태평양전쟁 발발을 전후해 곳곳에 군사시설을 구축

■ 남양군도에 동원된 조선인 노무자

1939년부터 1944년까지 매년 조선인 노무자들이 동원

1917년부터 조선인들이 이주하기 시작했으나 수 백 명 단위의 소수가 거주

1939년 남양청이 조선총독부에 의뢰해 조선인들을 동원하면서 조선인 숫자는 급격히 늘어나 태평양전쟁1941년 12월이 발발하기 직전에는 5,824명. 이후 1944년 말, 태평양전투에서 일본이 패전할 때 까지 매년 조선인 노무자들을 동원1941년 제외

1941년 12월 태평양전쟁이 일어난 후에는 노무자 외에 군무원과 군인이 추가

그림 1 '남양군도' [일제강점하 강제동원피해진상규명위원회, 『명부해제집』, 2009, 64쪽]

1

영국과 일본의 동양연합함대,
태평양 지역의 독일령으로 진격하다

1914년 7월 28일, 제1차 세계대전이 일어나자 정세를 관망하던 일본 정부는 8월 4일 영국 동양함대를 응원한다는 명분으로 구레吳진수부 소속 해군 3등 순양함인 치요다千代田에 제3대 함대 편입을 명령했고, 5일, 순양함 치요다는 이 명령에 따라 출전했다.

8월 23일, 일본은 독일에 선전포고를 하고 태평양 지역의 독일령으로 진격해 전쟁의 한 가운데에 들어섰다. 영국과 일본이 함께 구성한 동양연합함대는 남양군도에 대한 공격을 시작했다. 9월 26일, 영국호주군대는 독일령 뉴기니에 영국기를 게양했고, 일본은 10월 7일또는 12일, 마샬군도의 일부인 얄루트Jaluit를 점령한 후 일단 영국에 인도했다.

전쟁사가인 마크 피티Mark R. Peattie가 일본 해군군사예보海軍軍事豫報에 근거해 정리한 얄루트 상륙 과정을 보면, '일본 해군의 야마야 해군대장이 9월 30일 얄루트에 부대를 상륙시킨 후 별다른 저항이 없자 해군본부와 무선보고를 한 후 10월 3일 상주점령부대를 상륙시켰다.

그러나 해군성 공보를 인용한 전보에 명시한 일본의 얄루트 점령일은 10월 7일이고, 남양청이 발간한 『남양청시정십년사南洋廳施政十年史』는 10월 12일이다. 남양청시정십년사는, 10월 12일을 '일본군 해군 남견지대南遣支隊가 일본 역사상 최초로 남양군도에 일장기를 게양한 기념적인 날'이라고 적었다.

그렇다면 도대체 언제 상륙했다는 말인가. 두 자료해군군사예보, 남양청시정십년사와 아래 신문기사10월 10일자 등을 종합해서 이해해 보면, '9월 30일, 얄루트에 부대 상륙 → 10월 3일, 상주 점령부대 상륙 → 10월 7일, 일본의 얄루트 점령일 → 10월 12일, 일본 해군이 공식적으로 남양군도에 처음으로 일장기를 게양한 날'이 된다.

10월 10일자 조선총독부 기관지 매일신보 기사는 일본 해군이 얄루트섬에 상륙한 후 남양 군도의 풍물을 상세히 소개한 기사다. 당시 조선총독부 기관지는 매일신보국한문와 경성일보일문가 있었다. 조선총독부가 발간하는 신문이었으니 역할은 당국의 일방적인 소식 전달이었다.

■ 얄루트 : 또는 잴러윗Jaluit. 마샬제도 소속의 환초로 이루어진 섬.

1922년 일본이 남양청을 설립하면서 설치한 6개 지청 가운데 하나다. 당시 일본 자료에서는 야루트, 야루드, 야루도, 야르드 등으로 표기했다.

1781년 영국 선장 마샬이 마샬군도라 이름 붙이고 영국령 지도에 기재했다. 그러나 영국 영향력이 약화된 틈을 탄 독일의 태평양진출 정책으로 1885년 독일 영토가 되었다. 독일은 얄루트에 무전과 통신시설을 갖추고 행정중심지로 삼았다. 독일은 정부 청사를 설치하지 않고 얄루트회사를 설립해 섬의 권리를 인도하며 영국의 동인도 회사와 같은 조직으로 운영하고자 했다. 그러므로 제1차 세계대전 당시 독일은 얄루트에 청사를 설치하지 않고 통상본부만 두었다.

■ 제1차 세계대전은 유럽에서 일어났는데, 어떻게 일본이 참전하게 되었을까.

1914년 7월 28일, 유럽에서 제1차 세계대전이 발발하자 일본 가토 다카아키加藤高明 외상은 일본이 유럽과 어깨를 견줄 절호의 기회라 판단하고, 한밤중에 다이쇼大正 천황의 별장으로 찾아가 참전하라는 재가를 받았다.

일본은 영일동맹을 내세워 참전의 명분을 삼았다. 태평양의 독일군과 전투하겠다는 내용이었다. 일본의 제안을 받은 영국은 탐탁하게 여기지 않았다. 영일동맹은 동아시아와 인도, 중국에 대한 안전보장조약을 규정한 것이었다. 그러므로 '동아시아와 인도 전역의 평화', '중국의 독립과 영토 보전' 내용은 있으나 독일 전쟁과는 별 상관이 없다고 생각했다.

그러나 전쟁이 장기화될 가능성도 고려해야 했다. 그래서 영국은 일본에게 참전은 거절하며,

'동아시아 해역에서 영국 상선을 호위해 주는 정도'로만 도와 달라고 했다. 그러나 가토 외상이 강력히 참전을 주장해 결국 영국은 일본의 참전을 승낙했다. 그러면서 '군사행동의 범위를 중국해 서쪽과 남쪽, 독일 조차지인 자오저우만膠州灣 밖으로 확대하지 않으며, 태평양에 미치지 않는다고 선언할 것'을 조건으로 요구했다. 이에 가토 외상이 응하지 않자 영국은 일본과 합의했다며 일방적으로 일본의 조건부 참전을 공표해 버렸다. 일본이 참전하게 된 과정이다.

자료 원문 일본해군에게 항복한 남양야도의 진기한 풍속
[일본 해군에게 항복한 南洋야島의 珍奇한 風俗 : 매일신보 1914년 10월 10일]

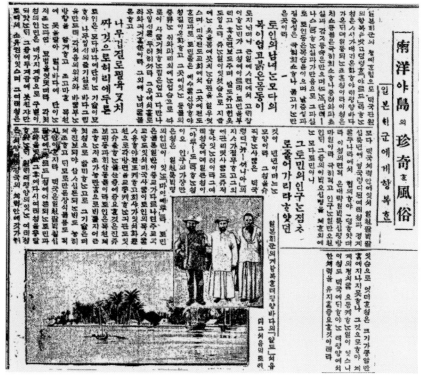

사진설명 일본해군에게 항복한 태평양바다의 얄드섬[얄루트]과 피그섬[*피지]의 토민

일본 해군의 정예한 힘으로 덕국[*독일] 관원의 항복을 받고 점령한 야르드[*얄루트]라 하는 섬은 사시[*四時]가 대개 온화하여 태평양 바다 가운데에 1등 되는 좋은 섬이라. 이 섬은 채소 동물은 극히 희소하나 종려와 파초, 실과, 감자 등속은 많으며, 또는 '단레나스'라 하는 실과가 많음으로 그 과실로 토인 등은 목숨을

이으며, 날짐승과 집짐승은 극히 희소하나 물고기는 많은 곳이라.

토인의 남녀는 모두 의복이 없고 붉은 몸뚱이로 지내더니 근일에 사면에서 고래잡이 하는 배가 그 섬에 이르러 토민을 부리고 혹은 면포도 주며 쌀도 주고 헌옷도 입으라 주는 일이 있었으므로 지금에는 옷을 몸에 붙이는 습관을 이루었으며 미국 전도교회에서 그 곳에 전도한 결과로 토민들은 예수를 신앙하여 성질이 온화하고 그곳에 있는 동물의 종류는 쥐와 파리 외에는 없음으로 따로 사람 거처하는 집은 없고 다만 나무 입새를 두터이 깔아 그 위에 앉아 기거할 뿐이라. 그 외에 남녀를 물론하고

나무껍질로 피륙같이 짠 것을 허리에 두른 토인은 모두 바다에 다니는 기술이 묘하여 나무 입새 줄기실로 바다그림을 만들어 각 석섬의 위치와 바람 부는 방향을 알게 하고 조그마한 목선에 돛을 달아 멀리 바다에 다니는 저 자는 과연 묘법을 얻었더라. 각처 섬의 인민은 네 가지 계급으로 구별이 되었는데, 그 중에 두 계급에 붙인 자만 토지 소유권이 있으며. 그 여태 섬은 모두 덕국 세력 안에 있어 1886년에 영국령이 된 여러 섬과 경계를 두 나라에서 협의하여 정하였더라. 이 섬의 면적은 대략 160평방마일이라 극히 적고, 인구는 1만 5천인데 그 중에 250명을 제외한 외에는 모두 토민이니.

그 토민의 인구는 점차로 줄어가리라 하였던 것이 해마다 더 느는 모양이라. 그 섬을 수직[*守職]하는 사람은 덕국령지 뉴기니아의 지사가 겸무하고 그 외 몇 사람도 주재하여 있는 터이라. 그 여러 섬 중에 제일 큰 섬이 야루도라 하는 섬이오. 인구가 가장 많은 섬은 1천 6백 명의 인민이 있는 '마이예루[*마주로Majuro. 현재 먀살제도 공화국의 수도. 제2차 세계대전 종전 후 1986년까지 미국의 신탁통치령]'라. 토민은 물론 일반이 종교가 다르나 천주교의 교당도 있어 미국사람이 토인의 목사를 사용하여 전도하도록 하고 회사가 있어 화륜선[*火輪船]으로 각 방면을 교통케 하는 기관도 있고, 수출하는 물산 중 중요한 것은 진주보배 등과 해삼동물이라. 토인은 목선 제조하는 재주가 능란함으로 배를 만들어 근처 섬으로 발매하는 고로 기술은 더욱 진보되어 3,40톤 하는 배도 능히 제조하고 대모로 만든 장식 물품도 적지 않은지라. 덕국은 1878년에 야르드섬[*얄루트]에 어른 되는 토민[*추장]과 조약을 맺고 그 후에 다시 여러 섬을 통달하였는데, 원래 태평양에 있는 여러 섬은 서양 여러 강국 세력 안에 갇혀 있음으로 어떤 섬은 크기가 콩알만지만 그것으로 하여 세계 정치를 요동케 하는 일이 있으니 이 섬[*얄루트]도 덕국에 대하여는 태평양에서 한 세력을 유지할 중요한 것이리라.

2
—
일본 해군, 남양군도에서
독일을 몰아내다

전쟁사가인 마크 피티가 일본 해군군사예보에 근거해 정리한 내용을 보면, '10월 3일, 일본 해군이 얄루트Jaluit에 상주점령부대를 상륙시킨 후 10월 7일에는 팔라우 코로르Koror에, 9일에는 팔라우 앙가우르Angaur, 그리고 14일에는 사이판의 가라팡 타운Garapan Town에서 조금 떨어진 정박지에 각각 부대가 상륙했다. 이로써 일본은 미국령 괌과 영국령 길버트 제도를 제외한 미크로네시아 전역을 점령했다. 비록 영국과 공동 군사작전이었으나 결국 영국과 동맹 관계에 있던 일본의 차지가 되었다.

물론 얄루트 점령 후 일본의 행보에 대해 국제사회의 반응은 긍정적이지 않았다. 일본이 얄루트를 점령했다는 전보를 받은 미국 내에서는 '일본이 제1차 세계대전 참전 당시 서약한 군사행동구역의 국한局限을 파기한 것이 아닌가' 하는 우려가 있었다. 그러자 친다珍田주미일본대사는 '이 섬의 점령은 단순히 독일의 해군근거지를 파괴하며 통상항해를 보호하기 위한 조처에 불과'하다고 해명했다.

그러나 얄루트는 일본의 점령지가 되었다. 또한 일본은 협동점령국인 영국을 통해 '일본이 남양군도를 영구히 점유할 것'이라는 미국의 우려를 완화하고, 파리강화회의에서 남양군도에 대한 통치권을 확보하는데 성공했다. 일본은 1919년 6월, 남양군도를 국제연맹회의 결과 규약 22조에 의거한 C식 위임통치구역으로 쟁취하고, 1922년 4월 남양청을 설립했다.

10월 23일자 매일신보 기사는 일본 해군이 얄루트섬 점령 후 괌과 길버트 제도를 제외한 독일령을 점령하였음을 보도한 기사다. 기사에서는 일본 해군이 욱일기를 앞세우고 독일함대를 패퇴시킨 전공戰功을 상세히 보도했다.

그렇다면 막강했던 독일 해군함대는 왜 맥없이 일본함대의 공격에 무너졌는가. 기사에서 표현한 대로, '독일은 한 때 남양 방면에서 크게 폭위를 드러'내고, 각종 군사적 설비를 갖추고 있었다. 그런데 일본 해군의 공격을 받고 측량함이 자폭을 기도하거나 일본 해군에 포획되고 말았다. 일본이 자찬한대로 막강한 일본 해군력 때문인가.

마크 피티는 다른 원인을 제시했다. 독일 함대의 두 주력전함 Scharnhorst와 Gneisenau은 6월 중국 칭타오靑島에서 멀리 떨어진 남쪽으로 순항 중이었으므로, 전쟁 발발 직후 합류하는 과정에서 많은 기간을 소요하게 되었다. 또한 합류를 위해 귀환하는 과정에서 두 차례에 걸친 영국 저지선과 전투에서 전력 소모가 심해 12월에는 포클랜드에서 전멸했다. 독일이 태평양에서 패퇴하게 된 원인은 일본 해군력의 증강과 함께 독일 함대의 전력 소모가 있었다.

■ 욱일기 : 일본의 군기軍旗

가장 대표적인 형태는 일본의 국기인 일장기에 16줄기의 햇살이 도안된 모양이다. 붉은 태양 주위에 16줄기의 햇살이 퍼져나가는 모양을 형상화한 것으로 햇살 줄기의 수는 4개, 8개, 12개, 24개 등으로 다양하다. 1870년, 16방향으로 뻗어나가는 문양의 욱일기가 일본 제국주의 육군의 군기로 공식 채택됐으며, 1889년에는 해군의 군기로도 사용하기 시작했다. 1940년대 태평양전쟁 당시에는 '대동아공영권'을 내세우면서 '대동아기大東亞旗'로 부르기도 했다.

일본은 패전 이후 잠시 동안만 사용하지 않다가 1952년 해상자위대와 육상자위대를 창설하면서 다시 사용하기 시작했다. 해상자위대는 군국주의의 깃발을 그대로 사용하고 있으며, 육상자위대의 깃발은 줄기 수만 8줄기로 바꾸었다.

■ 길버트 제도Gilbert Islands : 태평양 중부, 미크로네시아 동남쪽에 있는 여러 섬.

마킨·부타리타리·마라케이·아바이앙·타라와·마이아나·아베마마·쿠리아·아라누카·노노우티·타비테우에아·베루·니쿠나우·오노토아·타마나·아로라에 등의 섬들로 구성되어 있다. 적도를 끼는 16개의 환초環礁로 이루어져 있으며, 원주민은 미크로네시아 인과 사모아 인의 혼혈이다. 1788년 영국 선장 길버트가 발견한 후 1820년대 부터 길버트 제도라 불렀다.

1892년 E. H. M. 데이비스 선장이 영국 보호령으로 선포했고, 1916년 영국 직할 식민지 길버트 엘리스 제도의 일부가 되었다. 일본군과 미군의 점령기를 거쳐 1979년 중·남 라인 제도와 북 라인 제도, 오션 섬, 피닉스 제도 등과 함께 키리바시 공화국_{수도} 타라와으로 독립했다.

자료 원문 남양제도에 욱일기 휘날리며 - 독일함대 근거지는 전부 점령
[南洋諸島에 旭旗 飜飜 – 獨艦 根據地는 全部 占領(東京 特電) : 매일신보 1914년 10월 23일]

드디어 남양 방면에서 작업 중이던 우리 군의 일부가 야루트 섬을 점령한 후 점차 기타 여러 섬을 정복하고 이달 14일까지 중요한 독일령 여러 섬을 전부 점령하였는데, 마리아나 열도 중 괌섬을 제외하고는 모든 영역이오. 또한 마샬군도 중에는 야루드[*얄루트]섬을 제외한 십 수개 영역이고 동서 가로린[*길버트]제도에도 크고 작은 십 수개의 여러 섬이 산재한지라. 이들 주요한 도서[*島嶼]에는 개전 이후 독일은 예의[*銳意]로 군사 설비를 베풀고 남양 방면의 책원지를 정해서 한 때는 남양 방면에 크게 폭위[*暴威]를 드러냈다. 그러나 이번에 우리 함대가 출동한 이후 독일함대는 각처로 도주하고 우세한 우리 함대는 무인지경[*無人之境]으로 제도[*諸島]를 정복하고 각종 군사적 설비는 물론, 독일이 저장한 병기 탄약 석탄류를 다수 압수하였으며 우리 함대에게 발견된 독일의 측량함 2척 중 '브레넷도'호(650톤, 속력 10해리, 기관포 5문, 1905년 진수)는 도저히 소기의 목적을 달성하기 불가능함을 알고 자폭 침몰을 기도했고 또 다른 한 척(110톤)은 승조원과 같이 우리 군에 포획되었다. 이로써 독일의 유일한 근거지였던 남양제도는 모두 우리에게 돌아오고 욱일기는 반공[*半空]에 휘날리며 사방을 위압하더라.

3

ㅡ
전경운이 알려주는
1917년 남양섬으로 간 조선 청년들

남양군도에 조선인들이 집단적으로 간 최초의 시기는 1917년이다. 1917년 남양으로 간 조선 청년에 대해서는 전경운金慶運, 일명 마쓰모토이 남긴 회고록을 통해 알 수 있다.

국제연맹이 정식으로 일본에 위임통치를 확정하기 이전인 1910년대에 조선인들이 남양군도에 가게 된 이유는, 일본 해군이 남양군도 점령 후 일본 정부가 영구 점령을 목적으로 적극적으로 개발에 나섰기 때문이다. 1915년 해군은 과학적 탐사를 실시했고, 타이완臺灣에 진출한 일본 기업들은 1916~1918년에 남양군도에서 제당업과 관련한 다각적인 조사도 실시했다. 이들 기업은 이미 사탕수수농장을 운영한 경험이 있으므로 남양군도에서 제당업의 가능성을 발견한 것이다. 그러나 선뜻 남양군도의 제당업에 뛰어들지 못하고 관망 중이었다. 이 때 적극적으로 나선 기업이 니시무라西村척식(주)과 난요南洋식산(주)이다.

니시무라척식(주)은 시모노세키下關 출신의 어업 부호가 설립한 회사로서 삼치와 고래 등 해외원양어업에 주력했던 기업이고, 난요식산(주)은 일본 거부인 시부사와澁澤 2024년 이후 일본 화폐 1만엔권의 주인공 계열의 기업으로 필리핀 등지에서 마를 재배하는 등 외남양지역동남아 지역에서 활동한 경험을 가진 기업이다. 이들 기업은 남양청이 설립되기 이전에 이미 미간지를 확보하고 노동력 확보에 주력했다. 니시무라척식(주)은 사이판 시가지 가라판 정町, Garapan Town에서 떨어진 섬의 남부관유지 700정보, 민유지 21정보 임대를, 난요식산(주)은 북부관유지 1040정보, 민유지 51정보 임대를 각각 빌려 소작농장과 직영농장을 경영했다.

두 기업은 모두 노동력을 '남양군도' 외부에서 조달을 했는데, 니시무라척식(주)은 주로 조선전라남도와 평안남도과 오키나와沖繩에서 단신출가자를, 난요식산(주)은 하치죠시마八丈島나 오가사와라小笠原에서 가족을 동반한 이민 방법을 사용했다. 두 기업은 출신지에 따라 업무의 내용이나 급료를 달리했다. 즉 체력이 요구되는 일은 조선 출신자에게, 제초 등은 오키나와 출신자에게, 중간적인 일은 일본 본토 출신인이 담당하는 식이었다. 그런데 급료는 일본 본토 출신인이 가장 높았고, 오키나와인과 조선인의 급료 차이는 매우 컸다. 이렇게 경영한 결과, 1920년도 상반기에 두 회사의 사탕생산량은 124톤이 되었고, 생산품은 모두 일본에서 소비했다. 1917년에 조선 청년들이 남양군도에 가게 된 배경이다.

■ 전경운, 그는 누구인가.

1915년 10월 15일, 평안북도 정주군 육성동에서 태어나 오산학교를 다닌 전경운은 도쿄東京고등척식학교 졸업 후 난요南洋무역(주)에 취직해 남양군도로 갔다. 조만식과 유영모 등 민족지도자들이 선생으로 있던 오산학교를 다닌 이유는 집에서 가깝기 때문이었다. 회사에서는 척식과 소속으로 남양군도 전역에 있던 야자원을 관리했다. 1939년 견습 사원으로 사이판 사무소에서 근무하기 시작해 파간섬에서 일본 패전을 맞았다. 견습 사원으로 입사한 이듬해 정사원으로 승진했고 1942년 9월부터 아라마간섬에서 현장관리 책임자로 일했다. 1944년 6월, 인부들을 인솔하고 가족과 함께 파간섬에 가서 해군비행장 보수 공사를 하던 중 전쟁이 끝났다. 이후 잠시 사이판 수용소 생활도 했다.

전경운은 남양군도에 갈 당시 고향에서 조혼해 자식도 있는 상태였으나 전쟁 기간 중인 1944년 마리아와 결혼해, 해방 후 괌을 거쳐 티니안에 정착했다. 배우자인 마리아는 조선인 아버지인 유성만과 차모로 원주민 출신의 어머니 사이에서 태어난 혼혈인이었다. 유성만은 1917년 사이판에 인부로 왔던 조선 청년 중 한 사람인데, 이후 로타 섬에서 면화 재배 인부로 일하다가 스페인계 차모로 여성과 결혼해 마리아를 낳았다.

전경운은 1946년 수용소 동료들이 귀국선을 탈 때, 현지에 남아 마리아나 사회에 정착했다. 차모로 사회의 일원이 된 전경운은 티니안에서 두 종류의 회고록1981년 '남양살이 40년을 회고' 1995년 '한족 2세 3세가 천인안도에 살고 있는 혼혈아들'을 남겼다.

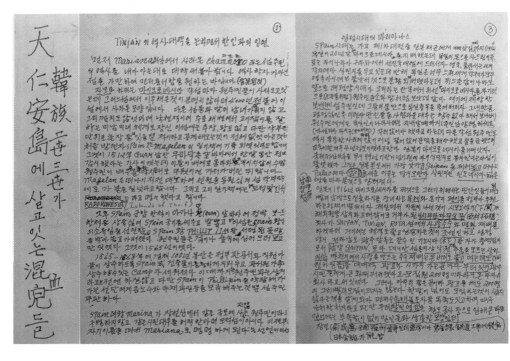

일본이 1916년 미크로네시아를 제 것으로 그리기 위해서는 민간인들이 되도록 빨리 남방을 진출하기를 장려하는 특혜와 온갖 편의를 정부가 후원하는 정책이 밝혀지자 제일 먼저 자원에 나선 것이 시모노세키 (下關)에 해외원양 삼치와 고래잡이로 거부가 된 니시무라 다쿠쇼쿠(西村拓植)회사. 회사는 사이판, 티니안, 로타 섬에서 사탕수수와 면화재배를 하겠다며, 거기에는 체격도 좋고 일 잘하는 것이 조선인이라고 설정. 당시 전라남도 광주 감옥소 간수인 기노시타(木下)란 자가 총 책임자로서 '남양 사이판, 로타, 티니안섬은 지상낙원으로 추움을 모르는 상하의 섬, 별천지에서 사탕을 만드는 수수재배는 돈 벌이도 좋고, 먹는 것도 천하일품' 등 대대적 광고가 시가지 가는 곳 마다 붙어 있고 광주시민들에게 큰 화제 거리였다고. 광고 지에는 '모집원 200명이라 하니 큰 부자 회사'라고 써 있었다.

그러나 아무리 좋은 곳이라 광고를 해도 200명이 그리 빨리 모집이 되지는 않았다. 한 달이 넘어도 모집 하는 것이 쉽지 않다는 것을 알게 되자 먼저 수속해놓은 자들의 독촉도 있고 하여 매우 난처한 처지라고 판단.

우리 장인 영감(俞成萬. 전남 나주 출신인데 무학이나 경부선 철도공사에 종사해 일본어 회화가 능함)은 철도공사 등으로 일해 온 까닭에 일본어에는 부족함이 없이 일인들과 상종한 모양인데. 장인은 일본 사정도 잘 알아서 '일본 대판에 모회사가 한국인 200명 모집 서류까지 해놓고 무슨 사정으로 모집원을 취소해 버린 것이 아직도 그대로 200명 명단서류를 가지고 있는 자를 알고 있어 다소 사례금만 지불하면 쉽게 입수할 것이고, 모집원이 오면 명단 1매를 나누어준다. 그것은 가짜이지만 이름만 잊지 말고 기억해두면 된다. 남양에 가서 정식으로 자기의 민적초본대로 고치는 것은 쉬운 일이니 안심하라 설명하면 된다'고 기노시타에게 설명해줬더니. 좋아라 하며 그대로 따르게 되어 각자들 일일이 민적초본이 필요 없게 되어 일은 빨리 진행되었다.

1917년, 90명 제1진이 남양으로 떠나는 도중에 시모노세키에 본사를 둔 회사에서 1주일 체류하면서 큰 대접을 받았다고 한다. 난생 처음으로 고래고기로 포식했다며 무리들이 모두 배불리 먹었다고 한다. 이유는 남양에 가는 인부들이 대식가로 보이기 위해서라고 한다. 그러자 사장님이 먹는 것을 보고 '저렇게 잘 먹으니 고된 일도 잘할 거'라고 기뻐했다고. 그런 후 요코하마 항에서 기범선을 타고 떠난 지 10여일 후 사이판섬 차란카노아 해변에 내려서 보트로 상륙했다.

90명들이 그리던 파라다이스와는 달리 보는 것은 황무지요, 항구도 길도 없다. 벽돌로 쌓아올린 양옥이 아니다. 야자잎으로 엮은 지붕과 벽이 아닌가. 속았다는 환멸의 비애, 누구도 말하지 않는다. 저녁식사를 하라고 해서 식당에 들어서보니 제대로 된 식탁이 아니라 넓은 판자를 올려놓은데 앉아야 했다. 식사라고 가져온 것이 외미밥에다가 소금국이었다. 한국의 돼지밥만도 못하다며 누구나 수저를 들려고 하지 않자 김육곤씨(가장 젊고 키가 작음)가 홧김에 못 이겨 밥상을 뒤집어엎고 쌀밥통을 바깥 진흙탕에 던져 버렸다. 그러자 주방에서 일하던 한 놈이 "야 이 조센징"이라고 소리치며 달려붙었다. 김육곤이 그놈을 거꾸로 잡아 엎어놓고 그 자의 수염을 뽑았다. 그는 비명을 지르고 도망치고 다른 일꾼들도 겁이 나 다시 손을 대지 못했다고. 얼마 후 기범선에 갔다 돌아온 주임이 나타나 빌면서 "배에서 백미를 실어올 터이니 잠깐만 기다리라" 사죄하고 다시 지은 밥으로 식사하게 되었다는. <이하 생략>

4

사탕수수 인부가 되어 1917년 처음으로 사이판 해변에 도착한 조선청년들

일본이 제1차 세계대전에 참전해 남양군도를 획득하자 이곳으로 떠나는 조선인들이 생기기 시작했다. 조선인들이 최초로 남양군도 땅을 밟은 해는 1917년이다. 전경운의 회고록에 따르면, 니시무라척식(주)이 주관한 노동자 모집 계획은 200명이었으나 계획대로 되지 못해 제1진 90명이 남양군도의 사이판을 향해 출발했고, 이어서 북선 출신의 제2진이 사이판에 도착했다.

일본 학자 이마이즈미今泉裕美子에 의하면, 조선 청년들은 개간을 마친 약 600정보의 사탕수수밭에서 일본 본토인, 오키나와인과 더불어 일했다. 작업의 내용과 급여는 출신지에 따라 조금씩 다르게 설정되어 있었다. 특히 조선인과 일본인본토인, 오키나와인 사이의 임금 격차는 매우 심했다. 제초나 기타 세밀한 일을 담당한 오키나와인의 급여는 월 40엔 내외였다. 이에 비해 조선인들은 중노동에 투입되었는데, 식사 포함 일급 65전을 받았다. 오키나와인과 차이가 컸다. 일본 본토인들은 양자의 중간의 일을 했고, 급여수준은 45엔이었다. 가장 높은 임금을 받은 이들은 일본 본토에서 온 이들이었고, 그 다음이 오키나와인이었고, 조선인들은 가장 낮은 임금을 받았다.

1917년에 남양군도에 간 조선 청년들의 존재에 대해 1933년 10월 31일자 조선일보 기사棕櫚樹 우거진 곳 白衣人의 아리랑 노래'에서는 "19년 전 서촌식산회사西村殖産會社에 팔려간 470명의 조선인 이민단"이 한인 이주의 효시라고 표현했다. 기사표현대로라면, 이들은 '팔려간' 조선인들이었다. 그런데 신문기사는 몇 가지 오류가 있다.

- 1917년? 1914년? : 1933년에 '19년 전'이라고 하면, 조선 청년들이 사이판에 도착한 시기는 1914년이 된다. 그렇다면 1914년인가 1917년인가. 1917년이 맞다. 조선일보 기사의 오류다.
- 니시무라식산인가 니시무라척식인가 : 기사에서 언급한 회사 이름 니시무라식산은 니시무라척식(주)의 오류다.
- 그렇다면, 470명이 떠났다는 내용도 사실일까 : 앞에서 발견한 오류를 생각해보면, 인원수도 정확하다고 보기는 어렵다. 전경운의 회고록 내용의 두 배나 되기 때문이다.
- 누가 데려갔을까 : 전경운의 기록은 혼란스럽다. 1995년 전경운은 회고록 『한족 2세 3세가 천인안도에 살고 있는 혼혈아들』에서 전라남도 광주 감옥소 간수인 기노시타木下가 조선청년들을 모집한 것으로 기술했다. 그러나 1981년에 작성한 또 다른 회고록 『남양살이 40년을 회고』 82쪽에서는 '광주 형무소 경관인 야마시타山下'로 기술했다. 누가 데려갔을까. 기노시타일까, 야마시타일까.
- 사이판에 도착한 청년들은 어떻게 되었을까 : 전경운의 회고록 『한족 2세 3세가 천인안도에 살고 있는 혼혈아들』 5쪽에서 답을 찾아보자. 사이판에 도착한 청년들은 약속과 달리 견딜 수 없는 무더위와 악조건에 분통을 터트렸다. 그런데 회사에서는 이들의 불만을 해결하지 않고 오히려 오키나와 출신 노동자로 대체하고 고분고분 말을 듣지 않는 조선인들을 귀국시켰다. 비록 오키나와인들이 체격은 조선인보다 열악했지만 온순하고 근면하다는 이유였다. 또한 1920년 여름부터 사탕시장이 폭락하자 기업 측은 노동자를 해고하기 시작했다. 그러자 조선인 노동자들은 '내지인(일본인)과 동등한 권리를 요구'하며 대립했다. 이번에도 일본 기업은 강하게 대응하는 조선인 노동자들에게 강제 퇴거 조치로 응답했다.

기업 측의 강제퇴거 조치로 대부분의 조선 청년들은 귀국길에 올랐고, 소수가 남아 현지 여성과 결혼하고 정착했다. 전경운의 장인인 유성만도 현지에 정착한 조선 청년 중 한 사람이었다.

1917년 조선 청년들이 도착했던 사이판 차란카노아 해변의 모습
[2007.6.28 촬영]

5

쿠사이섬 조선인 노동자 임금투쟁

1919년 12월 14일, 남양군도 캐롤라인 제도의 동쪽에 위치한 쿠사이섬에서 약 60명의 조선인들이 폭동을 일으켜 여러 명의 사상자가 발생했다. 임시남양군도방비대 사령관의 보고 전보에 의하면, 60명의 조선인들은 남양척식공업회사 소속 농장에서 일하고 있었다.

그러나 당시 남양군도에서 남양척식공업회사의 존재는 알 수 없다. 다만 해군이 직접 조선인 폭동 진압에 나섰고, 척식사업에도 직접 관여했다는 점을 볼 때, 해군이 관여한 국책기업이라는 정도를 추측할 뿐이다.

폭동을 일으킨 조선인들이 어떻게 되었는지에 대해서는 내용을 알 수 없다. 다만 조선인들의 강력한 저항과 대응으로 해군은 조선인 고용을 기피하게 되어 1930년대 후반까지 조선인을 모집하는 경우는 드물었다고 한다. 이마이즈미今泉裕美子의 연구 결과다.

실제로 당시 남양군도에 거주했던 조선인 현황을 보면, 1922년 147명또는 143명, 1923년 80명또는 82명, 1924년 89명, 1925년 86명, 1931년 224명, 1933년 313명, 1935년 360명또는 546명, 1937년 596명또는 579명이다. 15년간 조선인 수는 크게 늘어나지 않았다.

■ 코스라에Kosrae

캐롤라인제도의 가장 동쪽에 위치한 섬. 예전에는 쿠사이Kusai, クサイ, 쿠사이에Kusaie, クサイエ라고 하였으나 지금은 코스라에라고 부른다. 현재 국가 및 행정 단위는 미크로네시아연방

FSM 코스라에주州이다.

■ 캐롤라인 제도 Caroline Islands

미크로네시아 연방코스라에·폰페이·트루크·야프 섬과 팔라우 공화국을 이루는 태평양 서부의 도서군.

2세기 이전에 사람들이 이미 정착했고, 서부의 여러 섬에는 7세기 무렵 중국의 무역상들이 이곳까지 진출했다고 한다. 16세기 이곳을 방문했던 스페인의 항해가들이 그들의 왕인 카를로스 2세의 이름을 따 명명했지만 19세기에 와서야 스페인의 식민지로 만들었다. 1898년의 미국-스페인 전쟁이 끝난 후 이 제도는 독일에게 팔렸으며, 1914년 일본이 점령한 후, 1919년 이후 국제연맹의 위임통치령으로서 일본의 지배를 받았다. 일본이 철저하게 방어하고 있다가 제2차 세계대전 말기에 미국이 점령했고 1947년 국제연합UN의 전략적 신탁통치지역(미국의 관할권)이 되었다. 1986년 신탁통치지역이 해제되었지만 지금도 미크로네시아 연방과 팔라우 공화국은 미국과 밀접한 관계를 맺고 있다.

자료 원문 쿠사이섬 조선인 소요사건(騷擾事件) 관련 전보
[국사편찬위원회 한국사데이터베이스 자료]

문서철 이름 : 불령단관계잡건(不逞團關係雜件)-조선인(朝鮮人)
의 부(部)-재구미(在歐米)4

문서번호 : 14812호

문서제목 : 한인노동자(韓人勞動者)의 임금투쟁(賃金鬪爭)에 관한 건

발신자 : 임시남양군도방비대 사령관(臨時南洋群島防備隊司令官)

수신자 : 해군대신   발신일 : 1919년 12월 14일

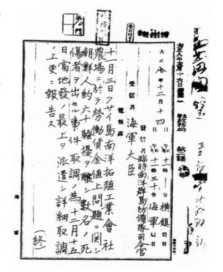

11월 3일 쿠사이섬 남양척식공업회사 농장에서 노동임금 인상문제에 관하여 조선인 약 60명이 소요를 일으켜 수 명의 사상자를 낸 사건 조사를 위해 12월 15일 현지로 출발하고 병력을 파견해 상세히 조사한 후 다시 보고하겠음

6
—
경성에서 열린 남양군도 현지인
아동의 성적품 전람회

1923년 10월 22일부터 25일까지 경성부 영락정에 있는 조선총독부 상품진열관에서는 남양
군도 도민학교 아동들이 만든 작품 전람회가 열렸다. 신문기사에서는 구체적인 전시 물품
의 내용은 소개하지 않고 있다.

주최자에 대해서는 신문마다 차이가 있다. 동아일보는 '경기도 교육회'로, 매일신보는 '조선
교육회 교화부'로 각각 보도했다. 신문마다 차이는 있으나 이 전람회 개최 배후에 조선총독
부와 남양청 당국이 있음을 알 수 있다.

당국이 이 전람회를 개최한 배경과 의도는 무엇일까.

1923년 당시 일본의 위임통치지역인 남양군도를 통치하는 남양청 장관은 무소불위의 권력
을 행사하고 있었다. 1922년 남양청을 설치한 후 남양청은 그간 '미개한 수준에 머물렀던
원주민들이 일본의 통치를 통해 얼마나 변화했는가'를 과시할 필요가 있었다. 과시하기 위
한 방법은 각종 품평회와 경기회 개최, 박람회와 전람회 출품이었다.

품평회와 경기회는 식산 품평회, 조편물組編物 품평회, 공산물 품평회, 고구마 다수확 경기
회, 고구마 깎기 경기회 등이 있었다. 남양청은 1923년 얄루트 지청 관내에 마샬 편물장려
회를 설치하고 매년 조편물ㄸ게질 상품 품평회를 개최했다. 1924년부터는 사이판과 팔라우 지
청 관내에서 농산물과 수공예품 품평회를 개최했고, 고구마 다수확 경기회와 고구마 깎기
경기회 등을 개최했다. 1931년에는 남양군도 전체의 공산물 품평회를 개최했다. 여기에서

언급한 고구마는 일본이나 조선에서 나는 고구마를 가리키는 것일 수 있지만, 남양군도 현지민들이 주식으로 먹는 카사바를 가리키는 말일 수도 있다.

남양청 주민들은 일본에서 개최하는 박람회나 공진회에도 참가했다. 1925년부터 매년 2회 이상 구마모토熊本와 후쿠오카福岡 등 일본 전역에서 열리는 행사에 참가하도록 했다.

■ 조선교육회

1902년 결성된 경성교육회를 모체로 1915년 확대 개편한 조선교육연구회가 1923년 4월 조선총독부 학무국 내 기관으로 자리잡으며 명칭을 조선교육회로 변경했다.

조선교육연구회는 제3차 조선교육령 개정 이후인 1923년 4월 1일 조선교육회로 명칭을 변경하였다. 이때 회장은 조선총독부 정무총감이 맡았으며, 각도 교육위원회各道敎育委員會를 지회로 두고, 그 아래 부군도府郡島에 분회를 두었다. 이처럼 사설기관이었던 조선교육연구회를 학무국 내에 둔 까닭은 조선총독부를 중심으로 조선에서 공적·사적 교육을 모두 통제하고자 하는 의도가 있었다.

조선교육회의 활동 목적에 대해서는 동아일보 1923년 3월 29일자 기사에서 확인할 수 있다. 기사에 따르면, "종래從來의 목적은 조선교육령朝鮮敎育令 기타에 관關한 법령法令을 주지主旨로 하여 차此에 관한 시설보급施設普及의 건件을 연구함에 지止하야 기사업其事業의 범위範圍가 태쳡히 협狹할 뿐만 아니라, 우又 일편一便으로는 관료기관官僚機關의 감感이 유有하였으나 금반今般에는 기사업其事業 범위範圍를 광廣히 하여 조선교육朝鮮敎育에 관한 사적私的 공적公的을 물론勿論하고, 일반一般 교육 사업에 원조援助를 기期할 터"라고 한다. 어려운 표현이다.

내용을 풀어보면, 단체의 주요 사업은 '교육에 관한 의견 발표', '교육 및 자료에 관한 사항 연구', '교육상 반드시 필요한 사항 조사', '교육에 관한 잡지 발행 및 교육상 유익한 도서의 간행', '교육 공적자 표창', '교육·학술에 관한 강연회, 강습회 개최', '사회교육에 관한 시설 및 지도 장려', '조선 교육 사정 소개', '교육 관계자 공제 시설共濟施設 및 장려', '학사 시찰學事視察 및 연구를 위한 회원 파견派遣' 등 10개나 되었다.

조선교육회는 이러한 사업이 조선에서 교육을 위한 것이라고 내세웠지만, 본질적으로는 조선에

서 식민교육 보급을 위한 것이었으며, 공제사업共濟事業의 경우도 조선에서 교육사업에 종사하는 일본인 교육자들이나 일부 친일적 조선인을 위한 것이었다. 또한 1925년 9월부터 1945년 1월까지 '문교의 조선文教の朝鮮'이라는 월간 교육잡지일본어를 총 229호 발간했다.

■ 카사바와 타피오카

카사바는 원산지가 남아메리카인데 길쭉한 고구마처럼 생긴 식물로, 열대지방에서는 고구마와 함께 중요한 식량 공급원으로 활용되어 왔다. 한국에서는 사료, 전분, 주정 등으로 주로 활용하며, 식용으로 활용도는 낮은 편이다. 감자와 유사하지만 좀 더 담백한 맛을 가지고 있다. 이 카사바의 덩이뿌리를 말려서 채취하는 전분을 타피오카라고 한다.

카사바의 용도는 다양했다. 일본 당국은 카사바에서 채취한 타피오카를 일본 오사카로 보내 전분이나 방적용 풀, 무수알콜을 제조하기도 했다.

자료 원문 남양도민 생도 성적품 전람회 [南洋島民生徒成績品展覽會 : 동아일보 1923년 10월 22일]

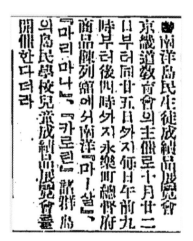

경기도(京畿道) 교육회(教育會) 주최(主催)로 10월 22일부터 25일까지 매일 오전 9시부터 오후 4시까지 영락정(永樂町) 총독부(總督府) 상품진열관(商品陳列館)에서 남양(南洋) '마살' '마리마나[*마리아나]' '카로린'제군(諸群)섬의 도민학교(島民學校) 아동성적품(兒童成績品) 전람회(展覽會)를 개최(開催)한다더라

자료 원문 남양아동의 성적품을 영락정 상품진열관에 진열하고 전람회를 어제부터 개최
[南洋兒童의 成績品을 영락정 상품진열관에 진열하고 전람회를 작일부터 개최
: 매일신보 1923년 10월 23일]

南洋兒童의 成績品
올녓락덩상품진렬관에 진렬
하고뎐람회를작일브터끠최

조선교육회교화부(朝鮮敎育會敎化部)에서는 위임통치(委任統治)에 속한 남양(南洋)의 마샬, 마리아나, 칼로린 군도의 도민아동성적품(島民兒童成績品) 전람회(展覽會)를 경성부내 영락정(永樂町) 상품 진열관(商品陳列館)에 어제 22일부터 25일까지 4일간 예정으로 개최하였는데. 그 성적품에는 남양의 기분이 가득하여 얻어보기 어려운 진품의 참고물이 많이 있다고 하더라.

7
—
남양 이민을 주저한
일본인들

1926년 3월 24일 귀족원 예산위원회에 출석한 요코타橫田 남양청 장관은 현황에 관한 질문에 답하면서 남양청이 교육과 산업 발전에 노력을 기울이고 있다는 점을 강조했다. 그는 남양이 얼마나 유망한 지역인가 하는 점을 적극 강조하며, 일본인 이민에 대한 전망은 5만명으로 예상했다. 그러나 쉽지 않다는 점도 토로했다. 기후와 풍토라는 걸림돌이 있기 때문이었다.

대장성 관리국이 발간한 보고서일본인의 해외 활동에 관한 역사적 조사日本人の海外活動に關する歷史的調查 남양군도 편 제1분책 159쪽에 의하면, 남양군도 인구통계에서 1922년도 총인구는 51,086명원주민 47,713명이고, 이 가운데 일본인은 3,161명이다. 1927년도 총인구는 54,816명원주민 48,761명 가운데 일본인은 9,831명이다. 이 통계에서 지칭하는 일본인은 오키나와지역민을 포함한 숫자이다.

1920년대 일본인수가 요코타 장관이 전망한 5만 명에 미치지 못하고 있음을 알 수 있다. 그 후 1932년 남양청 통계에 의하면 일본인수는 29,012명총인구 78,457명으로 대폭 늘어났으나 여전히 5만 명에 미치지 못하고 있었다.

19세기말 일본에 남양열풍열병이 분 것과 달리 1926년 당시 남양군도의 일본인 이민은 그리 큰 성과를 거두지 못하고 있었다.

■ 19세기말에 불었던 일본의 남양 열풍열병

남양. 일본은 언제부터 남양에 관심을 가졌을까. 19세기말 부터였다. 1880년대 후반 일본 사상가와 정책입안자들은 일본이 동남아와 태평양 지역으로 진출해야 한다고 제안했다. 일명 '남양경영론'이다. 원래 남양South Sea이란 서구에서 태평양을 가리키는 용어였다. 그래서 일본에서도 처음에는 태평양을 지칭하다가 19세기에 '일본을 중심으로 남쪽바다'로 넓어졌다. 남방이라고도 불렀다.

1880년대 후반에 일본 지식층이 부르던 남양도 동남아와 태평양을 아우르는 곳이었다. 이들은 남양을 '꿈의 땅'으로 생각했다. 무궁무진한 천연자원을 개발하고, 경제적인 이득을 취할 수 있는 곳, 미 대륙으로 연결되는 통로라 여겼다. 이런 생각은 남양 열풍으로 이어졌다.

열풍에 부채질을 한 주인공은 에노모토 다케야키榎本武揚 1836~1908다. 그가 생각한 남양은 태평양 지역이었다. 에노모토는 막부정권에 끝까지 충성하며 홋카이도北海道에서 신정부군에 맞서다 항복해 1872년 사면받은 후 해군중장을 거쳐 해군성 장관을 역임했다. 그는 남양을 사들여 유형지로 사용하자고 주장하며 마리아나 군도와 팔라우 섬 구매를 제안했다. 태평양을 해군의 훈련순항코스에 포함시키고, 널리 알렸다. 이 과정에서 탐험가와 정치가, 문필가 등이 모였고, 이들의 탐험과 견문 소식이 알려지면서 일본 사회는 열대 태평양에 대한 환상에 휩싸였다.

1895년, 일본이 타이완臺灣을 식민지로 삼으면서 태평양 열풍은 실현가능한 듯 보였다. 1890년대에는 태평양 섬에 교역 회사를 열어 성공한 이들도 있었다. 그러나 시기상조였다. 당시에는 남양보다 대륙을 차지하는 길이 더 빨라보였다. 20세기 초 일본이 남사할린을 차지하고 조선을 식민지로 삼으면서 중국과 러시아로 진출할 기회를 잡았기 때문이다. 남양을 차지하는 길은 현실적인 어려움도 있었다. 독일 등 서구 열강이 지배하고 있었고, 항로도 개척해야 했다. 쉽게 일본 손아귀에 들어올 것 같지 않았다. 이런 이유로 남양 열풍은 수그러들었다.

그러던 어느 날, 뜻밖에도 일본은 남양군도를 얻었다. 1914년 제1차 세계대전에 참전한 덕분이었다. 비록 국제연맹 위임통치지역이기는 하지만 일본인이 통치하고 일본어가 통용되는 땅이었다. 이제 남양열풍은 필요 없게 되었다. 남양은 더 이상 열병의 대상이 아니라 일본이 확보한

땅이었기 때문이다. 석유와 고무, 주석이 풍부한 동남아와 미국으로 가는 길목을 차지한 셈이었다. 남은 일은 일본이 이 땅을 교두보로 삼아 제국의 영역을 확장하는 일로 보였다. 그런데도 1920년대에 일본인들은 남양으로 몰려가지 않고 있었다.

자료 원문 남양이민, 장래의 유망 [南洋移民. 將來의 有望 : 조선일보 1926년 3월 26일]

〈도쿄전(東京電)[*도쿄전보]〉

24일 귀족원(貴族院) 예산위원회(豫算委員會)에서 횡전(橫田)[*요코타]남양장관은 남양청(南洋廳)의 현황(現況)에 관(關)한 질문(質問)에 대해 다음과 같이 답(答)하였더라.

당국(當局)은 교육진흥(敎育振興)에 가장 유의(留意)하여 학교(學校)의 설립(設立)에 노력(努力) 중인 바, 취학(就學) 상황(狀況)은 착착 좋은 결과(結果)를 거두고, 민형사(民刑事) 재판(裁判)은 토지(土地)의 관습(慣習)에 따라 처리(處理)하며 재정(財政)은 근년도(近年度)부터 국가(國家)에서 180만원(萬圓)의 보조(補助)를 하겠으나 장래(將來)는 자급자족(自給自足)으로 경제(經濟)를 수립(樹立)할 수 있을 것으로 생각한다. 그 이유는 사탕(砂糖)의 생산(生産)액 증가(增加)와 기타(其他) 산업(産業)의 발전(發展)이 착착(着着) 공(功)을 거두어 6,7년 후에는 자급자족(自給自足)이 실현(實現)되리라고 생각한다. 또한 장래(將來) 어느 정도(程度)까지 이민(移民)의 여지(餘地)가 있을 것인가에 대하여는 정확(正確)한 통계(統計)를 제시하기 어려우나 대체적(大體的)인 예상(豫想)은 5만명(萬名) 정도라고 생각한다. 그런데 기후(氣候)풍토(風土)로 보아도 이민은 난망(難望)하다고 생각하므로 현황(現況)은 연맹(聯盟) 규약(規約)의 조항(條項)에 따라 재래(在來)주민(住民)의 물질(物質) 정신(精神) 쌍방(雙方)의 복리(福利)를 착착(着着) 증진(增進)하고 있다. 운운(云云)

8

일본인이여. 남양으로 가라!

국제연맹의 위임통치지역으로 제한적 통치를 하고 있던 일본이 남양군도를 영속적인 일본 땅으로 만들기 위해 필요한 것은 일본인의 식민(植民, 殖民)이었다. 일본 당국은 일본인의 이주와 정착을 위해 알짜배기 땅을 제공하고 장려비를 지급하며, 도로 등 인프라를 구축했다. 그리고는 더욱 원활한 이민의 성과를 거두기 위해 적극 나섰다. 이민장려비를 증액해 성과를 거두고자 노력했다. 이민을 촉진하려는 정책의 하나였다.

아래 기사는 남양 이민을 위해 외무성이 나섰다는 내용이다. 같은 내용의 기사는 조선일보 외에 여러 신문에서 볼 수 있다.

자료 원문 남양이민장려, 주재영사소집내용 [南洋移民奬勵, 駐在領事召集內容 : 조선일보 1926년 5월 27일]

〈 도쿄전(東京電)[*도쿄전보] 〉

외무성(外務省)은 경제적(經濟的) 외교정책(外交政策)의 하나로서 오는 9월 외무성에서 남양(南洋) 각지(各地) 주재(駐在)의 영사(領事) 판무관(辦務官) 등을 소집(召集)하여 이민(移民)사업(事業)의 적극적(積極的) 발전(發展)을 도모하고 남양(南洋)이민(移民)장려비(奬勵費)도 증액해 남양 이민에 노력(努力)하기로 결정하였더라.

9
남양협회가 모집한 상업실습생

1930년, 동남아시아지역에 대한 경제적 진출을 목적으로 결성한 '반관반민 단체'인 남양협회는 일본 외무성의 보조를 받아 상업실습생제도를 실시했다. 일종의 '남양유학생제도'인데, 일본인의 경제활동을 진전시키기 위한 인재양성제도의 일환으로 1918년부터 실시했다. 주로 어학강습을 중심으로 실시했는데, 초기에는 네덜란드어를, 그리고 1922년부터는 말레이어를 강습했다. 강습기간은 6개월에서 1년 정도였다.

신문기사에서 언급하는 실습 지역은 구체적으로 확인할 수 없으나 남양협회가 1923년 남양군도에 지부를 둔 점으로 볼 때 남양군도도 포함되었을 것으로 생각된다.

■ 모집대상자는 조선인? 일본인?

신문기사에서 언급한 신청자격자는 '고등소학교' 졸업생이다. 고등소학교가 일본인 아동을 대상으로 한 소학교제도1930년 당시 심상소학교 6년+고등소학교 3년라는 점을 볼 때, 모집대상자는 일본인이었을 것이다. 더구나 1906년 조선에서는 조선인 초등교육기관의 명칭에서 소학교가 사라지고, 보통학교로 바뀌었다. 이후 '소학교'는 조선인의 학교가 아니라 일본인 아이들이 다니는 학교의 이름이 되었다.

■ 남양협회

1912년 고무개척업자와 타이완총독부 민정장관인 우치다內田嘉吉등이 가진 간담회를 계기로 설립했다. 간담회를 계기로 남양간담회를 발족했는데, 간사는 이노우에井上雅二와 호시노星野 錫, 말레이고무공사 사장가 담당했다. 이 비공식 간담회를 토대로 1913년 남양협회가 설립했으나 자금난으로 그해 말 해산했다. 그러나 이듬해인 1914년 일본의 제1차 세계대전 참전으로 일본에서 남양열풍이 다시 일어나자 우치다 민정장관과 이노우에 등 6명이 협의하고 1915년 도쿄에서 발기인 총회를 열어 다시 설립했다.

남양협회는 설립 당초부터 '관민일치의 철학'을 가지고 정부의 적극적 협력을 목적으로 창설했다. 특히 외무성과 농상무성 등 2개 성 외에 타이완 총독부의 원조는 중요한 버팀목이 되었다. 남양협회의 주요 사업은 '남양에서 산업과 제도, 사회, 기타 사항을 조사할 것'을 비롯해 남양의 사정을 본국에 소개하고 남양사업에 필요한 인물을 양성하며, 강연회 개최와 남양박물관, 도서관 설립 등 10개 항목이었다. 이 사업을 더욱 확산하기 위해 '남양협회보'와 '남양연구총서'를 비롯한 남양 관계의 책을 발간했고, 싱가포르에 상품진열관을 개설해 동남아지역에 대한 일본 기업 진출을 지원했다. 1923년에는 남양군도에도 지부를 설치했다.

■ 고등소학교

소학교제도는 1870년 메이지明治 정부가 구상한 학제소학, 중학, 대학를 1872년 9월 학제를 공포하면서 시작되었다. 그 후 개정을 통해 1880년에 고등과를 설치했고, 1896년 소학교령에 의해 고등소학교가 문을 열었다. 1890년 소학교령 개정을 통해 고등소학교 수업연한이 2년, 3년, 4년제가 되었고, 1900년 소학교령 3차 개정에 의해 고등소학교 수업연한은 2년과 4년제가 되었다. 또한 이 시기에 심상소학교尋常小學校에 2년제 고등소학교를 함께 설치해 심상고등소학교라는 이름으로 보급했다. 1907년 소학교령을 일부 개정해 심상소학교 수업연한을 6년으로 연장하면서 전국적으로 심상고등소학교심상소학교 4년+고등소학교 2년=6년를 보급했다. 이 과정에서 고등소학교 1학년과 2학년은 심상소학교의 5학년과 6학년이 되었고, 고등소학교의 수업연한은 2년구 고등소학교 3학년과 4학년이, 신 고등소학교 1학년과 2학년으로이 되었다.

일본이 아닌 지역에 사는 일본인 아동들의 초등교육제도는 어떠했는가. 재외 일본인 공립 소학교는 4년제 의무 교육이었으나 소학교령 개정으로 6년으로 연장하였다. 고등과도 2년에서 3년으로 연장되어 의무 교육기한은 9년으로 확대되었다. 그러므로 1930년 고등소학교졸업생이라 하면, 심상소학교 6년과 고등소학교 3년 등 총 9년을 이수한 자가 된다.

■ 보통학교와 국민학교

일본인 아동을 대상으로 하는 초등교육기관이 소학교라면, 조선인 아동을 대상으로 하는 초등교육기관은 보통학교와 국민학교다.

조선의 근대적인 초등학교는 갑오개혁 이후 설립되었다. 1894년 지금의 교동초등학교 자리에 최초의 관립소학교인 교동소학교로 설립했고, 1895년 한성사범학교부속소학교로 지정했다1897년에 관립고등소학교. 1895년 8월 1일 소학교령이 시행되면서 한성에는 수하동소학교를 비롯한 8개의 관립소학교가 세워졌고, 각 도道에 약 100여 개의 공립 소학교가 문을 열었다.

그러나 일제 통감부 설치 후 1906년 8월 27일 공포한 보통학교령에 의해 소학교라는 명칭은 사라지고 보통학교가 되었다. 보통학교의 수업연한은 과거 소학교의 6년에서 4년으로 단축되었고, 교과목도 일본어와 실과수공·농업·상업 등이 추가되었다. 보통학교의 명칭은 1911년 8월 발표한 제1차 조선교육령에도 그대로 사용되었으나 4년제 보통학교와 4년제 고등보통학교남학교와 여학교로 구분로 나뉘어, 보통학교만이 초등교육 단계에 해당되었다.

1941년 3월 31일 국민학교령에 의해 보통학교 명칭은 국민학교로 변경되었다. '충량한 일본국의 신민臣民인 국민國民'을 만들려 했던 일제강점기의 일관된 초등교육정책의 산물이었다. 이 명칭은 8·15 광복 이후에도 행정편의 등의 이유로 반세기 가까이 유지되어오다가 1996년 3월 1일부터 초등학교가 되었다.

[南洋서 活動할 商業實習生 募集, 南洋協會에서 十名을 : 매일신보 1930년 2월 3일]

동경(東京) 환지내(丸之內) 남양협회(南洋協會)에서는 남양(南洋), 조왜(爪哇)[*인도네시아 자바], '스코틀란드', 마래(碼來)[*말레이] 반도(半島)에서 상업(商業)을 하고 있는 상인(商人)의 의뢰(依賴)를 받아 남양(南洋)에서 활동(活動)할 상업(商業)실습생(實習生) 10명을 모집(募集)한다는데, 응모(應募)자격(資格)은 20세(二十歲) 전후(前後)의 남자(男子)로 고등(高等)소학교(小學校) 졸업(卒業) 이상(以上)의 학력(學力)을 가진 자(者)로 모집(募集)기한(期限)은 3월말까지 협회(協會)에서 인물(人物), 학력(學力), 신분(身分)의 심사(審査)를 한 후 6월부터 약 2개월(個月) 동안 동경(東京)에서 준비(準備)교육(敎育)을 하고 도항(渡航)케 할 터인데. 모든 비용(費用)은 무이자(無利子)로 협회(協會)에서 대부(貸付)한다 하며, 상세(詳細)한 내용은 동경(東京)시 국정구(麴町區) 환지내(丸之內) 2정목(二丁目) 10번지(十番地) 남양협회(南洋協會)로 문의(問議)하라더라.

10

—

영국과 일본의 동양연합함대,
태평양 지역의 독일령으로 진격하다

1932년 남양군도에 살던 조선인 120명이 만주에 사는 조선인을 위한 의연금 58원 45전을 보냈다.

1932년 당시 남양군도에는 몇 명의 조선인이 살고 있었을까.

남양청의 인구통계에 의하면, 1932년 남양군도의 총인구는 78,457명이었다. 이 가운데 가장 많은 수는 '도민島民'이라 표현한 원주민으로 50,069명이고, 일본인은 29,012명이었다. 조선인은 278명으로 남성 210명, 여성 68명이었다. 의연금을 낸 120명은 남양군도 재류 조선인친목회1920년대 중반 결성 가입 조선인으로 보인다.

남양군도 재류 조선인친목회는 남양군도 동포들의 의연금을 매일신보를 통해 전달했다. 매일신보는 조선총독부 기관지이고, 당시 대부분의 조선민중들의 외면을 받았던 신문이었다. 조선인친목회의 성격에 대해 추측할 수 있다.

그런데 왜 갑자기 남양군도의 조선인이 만주에 사는 동포를 위해 의연금을 낸 것일까. 1931년 7월 2일, 만주에서 일어난 만보산 사건 때문이었다.

■ 만보산 사건

중국 동북지방 지린성吉林省 만보산萬寶山, 완바오산, 이하 완바오산에서 수로공사 문제로 만주에 거주하던 조선 농민과 중국 농민 사이에 일어난 충돌사건이다. 조선이 일본의 식민지가 된 후 통치 정책으로 생활이 어려워진 조선 농민들은 만주나 일본으로 이주하기 시작했다. 1927년 56만 명 정도이던 만주 이민자는 1936년 89만 명이 될 정도로 급속히 증가했다. 만주로 간 농민들의 대부분이 농업에 종사했지만 궁핍한 생활은 마찬가지였다. 완바오산 사건은 이러한 배경 속에서 일어났다.

완바오산은 지린성 창춘長春에서 서북쪽으로 약 30㎞ 떨어진 곳에 위치했다. 1931년 4월 창춘에 있던 와세다공사早稻田公司의 경리인 하오융더郝永德가 이퉁허伊通河 기슭에 있는 완바오산 지역의 미개간지 약 3㏊를 빌린 후 다시 조선 농민 이승훈李昇薰 등 8명과 10년 기한으로 조차계약을 맺어 개간하도록 했다.

개간하는 과정에서 조선 농민 180여 명을 동원해 수로 공사를 진행하자 부근에 거주하고 있던 토착 중국 농민들이 피해를 입게 되었다. 이러한 문제로 양국 농민 사이에 감정적 대립이 생기기는 했으나, 그다지 심각한 상태가 아니었다. 사건이 악화된 것은 일본 당국의 간섭이 시작되면서부터였다. 일본 영사관은 중국 농민 측의 불만을 무시한 채 조선 농민들을 조종하면서 일본 관헌들을 믿고 공사를 강행하라고 했다.

5월 31일, 중국 측은 200명의 보안대를 파견해 공사 중지를 권고하다가 조선인 9명을 체포했다. 이에 대해 일본의 다시로田代 영사는 체포한 농민을 즉시 석방할 것을 요구하면서, 6월 2일 영사관 경찰관을 직접 파견했다. 또한 일본 측은 조선 농민들은 일본 영사관 경찰관의 관리 아래 공사를 계속하도록 조종했다. 이 조치는 중국 측을 자극해서 중·일 쌍방의 무장경관이 대치하는 상태까지 되었으며, 6월 8일 임시협정으로 쌍방의 경관이 철수한 후 공동조사가 진행되었다.

그러나 6월 12일 일본 측은 협정을 어기고 다시 경관을 파견해 조선인들에게 공사를 강행하게 했다. 6월 하순에 이퉁허 제방공사가 다시 시작되자, 7월 1일, 이것을 본 완바우산 일대의 중국 농민 약 500여 명이 농기구를 가지고 모여 용수로를 막은 제방을 파괴했다. 다음날 중국 농민과 중국 경관 300명이 다시 모였으나 조선 농민들은 일본의 무력을 믿고 수로복구와 제방공사를 계속 진행해 7월 11일 물길이 통하게 했다. 이 과정에서 7월 1일과 2일에 약간의 충돌이 일어났다. 조선농민은 사상자가 없었으며, 중국 농민에게서만 약간의 부상자가 있었다.

그러나 일본 당국은 특무기관에 조작 기사를 제공해 조선총독부 기관지인 경성일보일본어 신문를 통해 사건을 대대적으로 확대 보도하게 했다. 이에 따라 국내에서 반反중국적 감정이 유발되었으며, 인천·평양·서울 등지에서 수천 명의 조선인이 중국인을 습격하는 사태가 발생했다. 일본 영사관은 신문기자를 매수해 특무기관에서 만든 완바오산 사건 기사를 그대로 국내 신문조선일보에 게재하게 해 일부 조선인으로 하여금 중국인에 대한 분별없는 폭력 행위를 일으키도록 했다. 더 나아가 조선의 경찰은 일부 조선인 불량배를 금품으로 매수해 범죄행위를 조장했다.

그러나 이것은 곧 동아일보가 '만보산 사건이라는 것이 별로 대단하지 않'다고 보도하면서 수습되었다. 이때 국민당 정부의 장제스蔣介石는 동아일보사에 한·중 우호를 다짐하는 감사패를 전달하기까지 했다.

한때 이 사건은 조선 농민 대 중국 농민의 단순한 문제가 아니라 일본 대 중국의 국제문제로까지 확대되었다. 이에 동아일보·조선일보 등의 신문사에서 진상조사에 나선 결과, 사건의 배후에 중국의 주권을 무시하는 일본의 침략음모가 숨어 있다는 점, 이 사건이 일본의 모략과 과장선전으로 인해 확대되었다는 점이 밝혀졌다. 이 보도과정에서 동아일보의 장덕준張德俊 특파원이 일본 관헌에게 피살, 행방불명되기도 했다. 실제로 국제연맹도 조사보고서를 통해 사건이 사실보다 너무 과장되었다고 발표했다.

자료 원문 남양동포의 의연, 재만동포를 위해 58원여를 본사를 통해 기부

[南洋同胞의 義捐, 재만동포를 위해 오십팔원여를 本社를 通하야 寄附 : 매일신보 1932년 3월 23일]

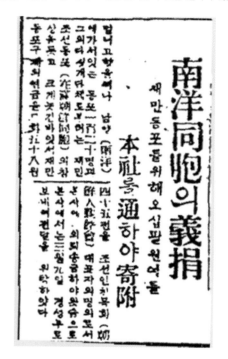

멀리 고향을 떠나 남양(南洋)에 가서 있는 동포 1백 20명과 그 외 다섯 단체가 재만조선동포(在滿朝鮮同胞)의 참상을 듣고 크게 느낀 바 있어 재만동포구제의연금을 58원 45전을 조선인친목회(朝鮮人親睦會) 대표자 명의로 본사에 송금하여 왔음으로 본사에서는 3월 9일 경성부로 보내 전달을 부탁했다.

11

사이판의 조선 동포들

1933년 10월 23일, 남양군도 재류 조선인친목회_{이하 조선인친목회} 고문인 김영일이 경성에 들어와 동아일보사를 방문해 인터뷰를 하고 남양군도의 일자리와 조선인친목회를 홍보했다. 김영일이 묘사한 남양군도는 '과실이 지천으로 널려 있고, 식량도 얼마든지 싼 값으로 구할 수 있는 곳'이다. 더구나 임금도 매우 높아 하루 1원 50전~2원까지 받을 수 있다고 했다. 신문기사에 나오는 사진도 야자수 나무들이다. 마치 낙원을 연상하는 사진과 기사 내용이다.

김영일은 1933년 남양군도 인구가 270~280명이라고 했는데, 남양청이 아직 1933년 인구통계를 공개하지 않은 시기였으므로 아마 1932년 통계를 언급한 것으로 보인다. 1932년 남양청이 공개한 인구통계를 보면, 조선인 인구는 278명이다. 김영일이 언급한 인원수와 거의 차이가 없다.

기자는 조선인친목회가 '채범도_{彩帆島, 사이판의 한자 표기}에서 조선 사람의 이권을 위해 활동'하는 단체라 소개했다. 그러나 당시 경험자 전경운은 부정적 평가를 내렸다. 전경운은 회고록 『한족 2세 3세가 천인안도에 살고 있는 혼혈아들』 6쪽에서 조선인친목회를 일본인 앞잡이 단체로 묘사했다.

"우리 한국인이 사이판에 입주하게 된 것은 거의가 *_{사탕}수수재배 소작인이고 다음이 우선 _{郵船}회사가 운영하는 남양군도 각 섬으로 주로 5000톤 배 5~6척이 매주처럼 운항하게 되어 있었다. 회조부 남무南貿, *남양무역주식회사가 경영하는 회조부回漕部, 짐 나르는의 일꾼으로 약 70~80명 정도이고 개인 사업으로는 주로 제주도 출신 장사꾼농꺼야 고모씨高某氏와 칠복수女郞屋, *식당운영자로 추정 등이 이름난 사업가가 있었다. 남무 회조부에 짐꾼 70명을 감독하는 임모씨林某氏, *조선인친목회 회장인 임영래를 지칭가 시청 경찰과 결탁하여 조선인친목회를 조직하는데 일본인 기부금을 모아 운영했다는데, 모욕적 조센징도리시마리朝鮮人取締 앞잡이로 1. 금주싸움이 많아, 2. 도박노름하는 자에게는 벌금을 징수한다는 거다. 이것이 일부 한인유식자들이 반격으로 깨지고 말았다는 거다. 그 후 계속 겉모양인 친목해가 있었다는 것을 특기해 둔다. 한번 들키면 5원, 두 번째는 10원 내도록, 만일 거부하는 경우에는 경찰서에 넘겼다." 이후 다른 언론 기사의 내용을 볼 때에도 조선인친목회의 주요 기능은 조선인 보호나 권익 증대, 친목도모라 보기 어렵다. 그보다는 조선인을 통제하는 역할을 한 것으로 보인다. 또한 이후에는 조선에 가서 조선인을 모집해 난요南洋홍발(주) 등 남양군도 국책회사에 조선인을 넘겨주고 수수료를 받는 일을 한 것으로 보인다.

■ 조선인친목회와 임영래林榮來

조선인친목회는 언제 만들어졌을까. 일본 자료에는 조선인협회로 나오기도 한다. 임영래가 1924년에 남양군도에 갔다는 점을 볼 때 이후로 보인다. 연도를 알 수 없는 자료인 광고지에 의하면, 조선인친목회는 1930년대 후반에 사이판섬 북가라판정町에 별도의 회관을 가지고 있었다. 임원은 회장과 부회장각 1명, 회계1명, 평의원4명, 고문1명, 건축위원3명 등 총 11명이다. 전남에서 출생한 임영래는 일본 히로시마廣島에서 중학을 졸업하고 난요南洋무역에 입사해 회조 청부와 운수청부업을 하다가 팔라우 회조부 인부 취체역관리자으로 일했다. 남양군도 기업 관련 자료에 의하면, 임영래는 주로 조선인 이주를 알선하고 관리를 담당했다고 한다. 이같이 임영래가 조선인을 알선하고 관리하는 일을 했으므로 조선인 친목회는 조선에 남양군도의 일자리를 적극적으로 알리고, 조선인들이 남양군도로 오도록 권유하는 활동을 게을리 할 수 없었다. 조선인을 회사에 넘기고 받는 수수료가 쏠쏠했기 때문이다. 김영일 고문이 17권의 참고자료와 영화를 가지고 경성에 온 이유이기도 하다. 김영일은 언론 인터뷰만 한 것이 아니라 평양에서 영화대회를 개최해 적극적인 홍보활동도 벌였다.

자료 원문 남양소식, 야자수 그늘 밑에서 망향 꿈꾸는 삼백 동포, 일본우선회사일과 농경에 몰두, 위임통치 구역의 사이판
[南洋消息、椰子樹 그늘 밑에서 望鄕 꿈꾸는 三百同胞, 日本郵船會社일과 農耕에 沒頭, 委治區內의 彩帆島 : 동아일보 1933년 10월 28일]

커트는 남양풍경

여름과 겨울을 알지 못한다는 남국(南國) 남양군도(南洋群島)는 누구나 다 알다시피 대자연의 혜택으로 풍부한 산물이 나고 있는 바. 그곳에는 우리 조선 동포가 270,80명 가량이 섬에 살고 있다고 한다.

그중에도 그곳 채범도(彩帆島)에는 조선 사람의 단체로 조직된 남양군도 재류 조선인 친목회(南洋群島 在留 朝鮮人 親睦會)라는 기관이 있어 지금까지는 순전히 조선 사람의 이권을 위해 활동을 하고 있다고 한다.

조선인친목회에서는 이 기관의 존재를 일반에게 알릴 겸 멀리 살 곳을 찾아 남국으로 가는 조선 동포의 앞길에 많은 도움을 주어볼 생각으로 이 회의 고문인 김영일(金永一)씨가 지난 23일 경성에 들어와 방금 시내 명동(明洞)호텔에 묵고 있다고 한다. 김씨는 많은 참고자료 영화 17권을 가지고 앞으로 구체적 선전을 할 예정이라고 하는데, 금일 본사를 방문해 다음과 같이 말씀하셨다.

아무런 계획도 없이 가는 동포가 있어 큰 곤란입니다. 우선 가자면, 신체가 강건해야 노동할 수 있을 것입니다. 노동이란 대개 우선회사의 일과 농장의 일인데, 일할 곳은 얼마든지 있습니다.

그리고 우리 친목회에서 회관을 짓고 동포들의 숙박을 도모합니다. 노동임금은 1원 50전 내지 2원을 받을 수 있고, 또 과실 같은 것이 많아 먹기 싫으면 내 버릴 지경이 되어 있으며 식량도 염가로 사 먹을 수 있습니다.

10월 22일 경성에 온 김영일은 11월 8~9일에 고향인 평양에서 남양영화상영회를 열었다. 아래 두 신문기사에 의하면, 영화상영회는 조선인친목회 주최로 열렸는데, 입장료는 장소 사용료 10전이라는 파격적인 금액이었다.

조선중앙일보 기사에서는 조선인친목회가 촬영한 필름이라고 소개했다. 그러나 아무리 조선인친목회 회세가 막강하다 해도 3시간짜리 영화를 제작할 정도는 아닐 것이다. 그러므로 당국에서 촬영 제작한 필름일 가능성이 높다.

필름의 내용은 남양군도의 풍물과 원주민의 생활상태 위주이고, 동포들의 모습은 일부인 것으로 보인다.

상영회는 지역단체나 공공기관이 참여하지 않고 조선인친목회 단독으로 주최했다. 또한 다른 지역에서 상영회가 개최되었다는 소식은 접할 수 없는 것으로 보아 평양에서만 개최한 것으로 보인다.

자료 원문 남양상황영화
[南洋狀況映畵 : 동아일보 1933년 11월 8일]

〈평양〉 남양군도 재류조선인 친목회(南洋群島 在留朝鮮人 親睦會)가 주최하는 남양영화대회(南洋映畵大會)를 오는 8,9일 양일간 매일 오후 3시에 평양부내 제1관(第一館)에서 개최된다는데, 입장료는 장소정리비로 10전이라 하며 영화 종목은 남양군도의 풍물, 토인의 생활상태, 기타 산업상태 등이라고 한다.

자료 원문 남양의 동포 생활, 평양에서 상영
[南洋의 同胞生活, 平壤에서 上映 : 조선중앙일보 1933년 11월 10일]

멀리 종려수(棕櫚樹) 그늘지는 남양군도에 가서 악전고투하고 있는 동포들의 생활상을 촬영한 영화가 8일과 9일 양일간 오후 3시부터 6시까지 주간에 한해 수옥리 제1관에서 상영하기도 되었는데, 이 사진은 평양 출생으로 다년간 남양에 건너가 있던 김영일(金永一)씨가 남양군도 재류조선인 친목회에서 촬영한 것을 가지고 나온 것으로 그곳에 아름다운 풍경, 토인의 생활, 동포의 발전상 등이 일목요연할 것이라는데 영상은 무료이고 다만 장소료로 10전은 받는다고 한다.

야자수 나무가 늘어진
남양의 바닷가 모습

조선 사회에서 남양군도를 긍정적으로 보여주는
상징은 야자수다. 야자수 그늘 아래에서 여유 있
는 삶을 연상하기 때문이다. 그러나 조선에서 남
양은 여전히 익숙하지 않은 곳이었다. 남양은 거
리상으로도 너무 먼 곳이었고, 낯선 풍토는 이질
감을 주기에 충분했다. 남양열풍이 일었던 일본
에서도 마찬가지 이유로 남양을 찾는 일본인이
적었다. 특히 1920년대에는 민간인을 위한 항로
도 다양하지 않아 거리감은 더욱 컸다. 만약 조선
인들이 일자리를 찾아 고향을 떠난다면 만주나

일요특집 – 남양의 야자수원
[日曜特輯 – 南洋의 椰子樹園
: 조선일보 1933년 8월 6일]

일본으로 가는 편이 나았다. 특히 남쪽 지방 사람들에게는 일본이 익숙했다. 일본은 동포
들끼리 모여 사는 마을이 많아 일자리 구하기도 쉬웠고, 아이들을 가르칠 조선 학교도 있
었다. 가까운 일본을 놔두고 굳이 멀리 태평양까지 갈 필요가 없었다.

그러한 조선 사회의 남양 인식을 바꾸기 위해서는 당국과 언론의 지속적인 노력이 필요했
다. 조선인친목회 홍보 활동과 남양항로의 증설, 남양과 경제 교류에 힘입어 1933년 이후
에는 평화로운 남양의 일상을 연상하는 경향성의 기사를 자주 볼 수 있게 되었다.

1933년 사이판섬의 조선 동포들

조선일보는 1933년 10월 22일 경성에서 조선인친목회와 남양군도 홍보 활동을 하던 조선인친목회 고문 김영일의 목소리를 통해 사이판 조선 동포 소식을 전했다. 김영일의 인터뷰 의도가 남양군도와 조선인 친목회의 홍보였으므로 일방적인 정보를 제공하고 있다. 기사 내용에 의하면, 남양군도는 '풍토병도 없고' 일자리도 풍부하고 살기 좋아 '조선인들이 안도安堵'하는 곳이다.

이같이 조선인과 관련한 내용은 편향되었지만 남양군도가 유럽에 알려진 과정에 대해서는 상세한 정보를 제공해주고 있다. 그러나 '평화로운 원주민의 행복을 깬 백인들'의 채찍 소리를 강조하고 있다.

'9년 만에 귀국'한다는 기사내용을 통해 김영일이 남양군도에 간 시기가 1924년경임을 알 수 있다.

이 기사에서 오류를 찾아보자.

■ 니시무라식산?

기사에서 언급한 회사 이름 서촌니시무라식산은 니시무라척식(주)의 오류이다. 기사에서 '니시무라식산이 3년 후에 해산'되었다고 언급했는데, 1921년에 니시무라척식(주)이 해산하고 국책회사인 난요南洋홍발(주)이 대신하게 되었다. 이 점으로 볼 때도 기사에 언급한 '니시무라식산'

은 '니시무라척식(주)'의 오기로 판단된다.

■ 19년 전이라면?

1933년에 발간한 신문기사에서 '19년 전'이라고 하면, 조선 청년들이 사이판에 도착한 시기는 1914년이 되므로 역시 오류로 보인다. 470명이라는 인원수도 정확하다고 보기는 어렵다. 전경운 회고록 내용의 두 배나 되기 때문이다. 기사 제목에 보이는 '사모아'섬은 사이판 섬을 잘못 적은 것이며, 남양군도의 수도는 사이판이 아니다. 당시 남양청의 소재지는 팔라우였다.

■ 카나카 Kanaka

미크로네시아에 거주하는 원주민으로, 처음에는 하와이에 거주하는 폴리네시아계 원주민을 가리키는 명칭이었으나, 후에 '남양 섬들의 사람들'이라는 넓은 뜻으로 쓰이고 주로 미크로네시아에 사는 원주민을 가리키는 속칭으로 사용했다.

자료 원문 종려수 우거진 곳, 백의인의 아리랑 노래, 남양군도의 수도 사모아섬
[*사이판섬의 오기]에, 삼백동포 최근 소식(1)[棕櫚樹 우거진 곳, 白衣人의 아리랑 노래, 南洋群島의 首都 사모아島에, 三百同胞最近消息(1) : 조선일보 1933년 10월 31일]

적도(赤道) 바로 아래 남해에 떠 있는 '카나카'의 노래로 유명한 정글과 몽환의 나라 남양군도(南洋群島)에 까지도 백의족(白衣族)의 발자취는 미치어서 군도 중의 으뜸으로 치는 사이판 섬에만 약 삼백 명의 우리 동포가 살고 있어 달 밝은 밤 야자수(椰子樹) 깊은 그늘 아래에서는 '아리랑' 노랫소리가 흘러오는 것을 들을 수 있다고 한다. 이 소식을 전해주는 이는 그곳에 있는 조선인회의 사무를 보다 9년 만에 지난 20일에 귀국한 평양(平壤) 출생의 김영일(金永一)씨다.

백의족의 방향 없는 발자국이 처음으로 미지의 그 땅에 자리를 잡은 것은 지금으로부터 19년전 서촌식산회사(西村殖産會社)[*니시무라척식(주)]에 팔려간 470명의 조선인 이민단(移民團)이 효시라고 한다. 그 후 3년만에 그 회사가 해산되어 470명 중의 400명은 그만 일단 리산[*離散]했다. 그 후 생활방도를 찾아 각자 몰리고 몰려다니다가 그곳에 까지 굴러온 어려운 형제들이 하나 둘 모여 현재 왕성을 보게 된 것이라 한다. 거기는 열대에서 늘 보는 무서운 풍토병도 없어서 형제들의 약 3할은 사탕수수재배에 종사하고 있고, 5할 가량은 토목노동에 종사해 큰 불만 없이 안도하고 있다는데, 그들 중에는 벌거숭이 '카나카'(土人)를 아내로 삼아서 벌써 아름다운 제2세들이 생겨서 즐겁게 학교를 다니고 있는 가정도 적지 않다고 한다.

진한 '잉크' 빛에 물든 태평양상에 뗏목과 같이 떠 있는 남양군도란 대체 어떠한 곳인가. 금년 3월에 일본이 국제연맹(國際聯盟)을 탈퇴하자 갑자기 세계의 화제에 떠올랐고 일본은 또한 남해의 생명선이라고 해서 세계에 향해 버티고 있는 이리 남양(裏南洋)[*내남양을 의미. 당시 일본에서는 남양을 태평양과 동남아 지역 전체를 포함하는 지명으로 사용하고 있었고, 중부태평양에 해당하는 남양군도는 내남양으로 지칭]의 군도는 실로 크고 작은 6백여 개의 작은 섬들이 바둑판 같이 흩어져 있는 곳이다. 그곳은 '마샬'군도, '마리아나'군도, '카로린'군도 세 구역으로 나누어놓고서 카로린 군도 중 '팔라우' 도상에 있는 남양청(南洋廳)이 그 위에 군림하고 있는 것이다.

서력 1981년[*1781년]에 영국의 명장 '마샬'이 처음으로 그가 인솔한 상선을 '마샬'섬 옆구리에 붙인 때부터 그 섬은 그의 이름을 붙여 불러왔다.

'마리아나'군도는 유명한 포도아(葡萄牙)[*포르투갈]의 항해가 '마제라'[*마젤란]이 1521년에 처음으로 발견해 서반아(西班牙)여왕 '마리아나' 폐하에 바친 것이고, 동서 '카로린' 군도도 역시 1527년에 포도아인 '데에고 다 로샤'의 눈에 띄어 1686년에 비로소 서반아[*스페인] 황제 '카로로[*카를로스]' 2세 폐하의 통치를 받게 된 것이다.

이리하야 망망대해의 복판에 떠서 야자수가 펴주는 진한 그늘 밑에서 마음껏 즐기고 있던 철없는 카나카들의 최고의 기쁨은 홍모인(紅毛人)의 채찍 소리와 함께 여지없이 깨어지기 시작한 것이다.

15

남양군도는 이런 곳이다!

이 기사의 제목은 '남양재류동포소식'이다. 그러나 내용을 보면, 남양군도 동포소식을 전하는 내용이 아니라 남양군도의 풍토지이자 민속지 성격의 기사다. 내용은 크게 두 가지다. 하나는 남양군도의 자연환경이 얼마나 풍요로운가 하는 점이고, 또 다른 하나는 원주민들의 생활과 문화를 '문명과 진보'의 관점에서 재단하고 평가한 내용이다.

신문기사의 논지는 '통제가 어려운 원주민들을 관리하기 위해서는 남양청이 법령으로 다스릴 필요성이 있다'는 결론에 이른다. 남양청의 통치방식이 '국제연맹의 위임조항'에 의한 행위라는 점을 강조한 문장도 통치논리와 일치했다.

자료 원문 편만한 산진해진 유유자적 나신족 생활. 언어와 풍속은 섬마다 다르다, 남양 재류 동포 소식(2)

[遍滿한 山珍海珍 悠悠自適 裸身族 生活, 언어와 풍속은 섬마다 다르다, 南洋在留同胞消息(2) : 조선일보 1933년 11월 1일]

적도(赤道)를 중심으로 하고 열대권내에 붙어있는 이 섬에는 물론 겨울이 찾아올 줄 모른다. 그러나 수평선을 넘어오는 서늘한 바다의 바람과 하루에도 몇 번씩 싹! 지나가는 소낙비는 섬의 기후를 살기에 알맞을 정도 식혀줄 줄 안다. 이러한 은혜 받은 풍토 위에는 야자수열매 '멜론' '파인애플' 등 온갖 열대의 과실들이 풍성하게 익어서 사시상춘[*四時常春] 강한 향내를 내고 있다고 합니다.

수평선 저쪽에 붉은 해가 떨어져 야자수 푸른 그늘이 어둠으로 변할 때 까지 국부만 겨우 나무 잎사귀로 가린 '카나카'(土人)의 남녀들이 웃고 노래하며 임자 없는 열매를 마음껏 먹고 있었다.

섬에도 ******[*1줄 해독 불가] '차무로'라는 종족이 있으니, 그들의 수효는 비록 '카나카'들의 16분의 1밖에 안 되지만 진보의 정보는 훨씬 더 높아서 당당히 문화주택에 살면서 가정에 '피아노'를 놓고 즐기는 사람들도 그 쪽에는 흔할 정도로 문화의 정도가 진보되어 있다고 한다.

이 '에덴' 모형(模型)에 사는 '아담'과 '이브'들은 각각 사는 섬이 다르며 대개는 하는 말이 다르고 문자라고 통용하는 것이 없다.

그들은 진즉 물에는 물론 그들의 벌거숭이 몸뚱아리에 문신(文身)을 그려서 장식하는 습관을 가지고 있다.

그것이 그들에게 있어서는 아름답기 짝이 없는 미술이다.

그것은 또한 사랑하는 사람의 ******[*1줄 해독 불가] 그들이 무서워하는 악마에게 대한 시위운동도 되고 추장(酋長)이나 기원의 구절을 보여주는 표적이 되기도 한다.

봄에는 한 조각의 의복다운 것을 걸치지 않고도 행세하는 그들도 귀걸이 팔찌 목걸이 다리에 돌리는 고리 등 여러 가지 장식품으로 몸을 단장할 줄 안다.

천해의 식물에 풍부한 이 섬의 주민들은 그 중에서도 상류계에 속하는 일부 사람들을 제외하고는 주로 야생의 식물과 과일과 바다에서 캐는 조개나 해산물을 간단히 요리해서 먹는다. 그것이 그들에게는 더할 나위 없는 신선로요 전골이요 생차다.

일을 만들어도 배가 부를 듯한 ***[*1줄 해독 불가] 야자수 열매는 물론 단 한 개가 20관이나 되는 '야무'라는 감저 고구마 토란 '타피오카' '포이' 강남수수는 그들의 중참에는 없지 못할 식물이라 한다.

온대에 사는 우리들이 그렇게 귀중하게 여기는 오렌지 바나나 망고 파파야 레몬 파인애플은 남양에서 발길에 채일 지경으로 흔하다고 한다.

그러나 토인들이 가장 좋아하는 음식물은 술과 담배와 빈령(檳榔子)이라 한다. 그들은 술에 취하기만 하면 숨어있던 야성이 발호해서 폭력을 하기 일쑤이므로 남양청은 국제연맹의 위임 조항에 의해 법령으로 토인의 음주를 금지했다. 그러나 그들은 한번 맛을 붙인 알콜의 미혹을 잊어버리지 못해 준엄한 음주법의 눈을 피해가면서 야자수열매로 만든 술이며 후추뿌리로 만든 마취약을 즐겨 마시고는 금단의 쾌락을 도적질하는 것을 일종의 낙으로 삼는다고 한다.

16
—
국제연맹은 탈퇴했지만 남양군도의 통치권은 놓을 수 없어

일본은 1931년 만주침략 후 1933년 3월 국제연맹 탈퇴를 선언했다. 이에 따라 일본의 남양군도 위임통치 문제가 초미의 관심사가 되었다. 그러나 일본은 국제연맹의 위임통치령 남양군도는 포기할 수 없었다. 일본은 만주 침략에 만족하지 않고 중국 화북지방으로 군사작전을 확대하고 있어서 군수물자를 확보하고 경제적 자급자족체제를 확립하기 위해서는 남진을 해야 했다. 남양군도를 넘어 석유가 있는 동남아시아를 차지해야 했다. 또한 1918년부터 미국과 세계대전을 준비하고 있던 일본에게 태평양의 전략요충지인 남양군도는 반드시 사수해야만 하는 곳이었다.

그러므로 일본은 남양군도 사수에 적극 나섰다. 일본은 독일의 입장이나 다른 위임통치령에 대한 처리 과정을 예로 들며, 남양군도 통치의 당위성을 주장했다. 특히 일본은 남양군도가 '제1차 세계대전에 참가해서 얻은 대가'라는 점을 근거로 내세웠다. 일본의 소망대로 남양군도의 위임통치권은 유지되었다.

남양군도의 위임통치령 유지와 관련한 기사는 1930년대 초중반 조선의 신문기사 가운데 가장 많은 비중을 차지했다. 특히 조선총독부 기관지인 매일신보의 관련기사는 급증했다. 동아일보와 조선일보에서도 국제연맹의 논의 과정을 상세히 보도했다.

아래 기사는 1932년부터 일본정부가 국제연맹을 상대로 남양군도 위임통치령을 유지하기 위해 노력했던 결과가 일단 결실을 맺는 분기점을 보여주는 기사다. 국제연맹 이사회가 국제연맹 위임통치위원회가 제출한 보고서일본의 남양군도 위임통치를 공인하는 보고서를 논의하게 되었기 때문이다.

제연맹 위임통치위원회가 제출한 보고서일본의 남양군도 위임통치를 공인하는 보고서를 논의하게 되었기 때문이다.

자료 원문 일본의 연맹 탈퇴후라도, 남양위임통치를 공인? 11일 이사회에 보고
[日本의 聯盟脫退後라도, 南洋委任統治를 公認? 十一日 理事會에 報告 : 동아일보 1935년 1월 5일]

〈전통(電通) 제네바 3일발(日發)[*제네바에서 3일 발송한 전보통신문] 〉 일본(日本)의 국제연맹 탈퇴(國際聯盟脫退)는 드디어 금년(今年) 3월 21일로써 효력(效力)을 발생(發生)하는 바, 오는 1월 11일 연맹이사회(聯盟理事會)에서 실제효력 발생 후(實際效力發生後)에도 일본(日本)의 남양위임통치(南洋委任統治)를 공인(公認)하는 보고(報告)를 하기로 되었다. 동시(同時)에 위임통치위원회(委任統治委員會)는 다음과 같은 보고(報告)를 11일 이사회(理事會)에 제출(提出)하여 일본(日本) 남양위임통치령(南洋委任統治領)에서 항만개선비(港灣改善費)가 심대함에 관(關)해 도전적(挑戰的) 질문(質問)을 하는 동시(同時)에 일본(日本)의 무역회사(貿易會社)가 누리고 있는 남양무역(南洋貿易)의 이익(利益)을 남양토인(南洋土人)에게 균점(均霑)시킬 것이라는 의견(意見)을 표시(表示)할 터이다.

위임통치위원회(委任統治委員會)로서 다음과 같은 보고서(報告書)를 제출(提出)함은 미증유(未曾有)의 일로서 다

대(多大)한 충동(衝動)이 예기(豫期)된다.

다음의 보고(報告)는 일본(日本)에 대(對)해, 4개항 조건(條件)을 요청하고 있다.

1. 일본(日本)은 종래(從來) 이상(以上)으로 상세(詳細)한 보고(報告)를 위임통치위원회(委任統治委員會)에 제출(提出)할 것이다.

2. 위임통치령(委任統治領)에 적용(適用)되는 모든 국제적(國際的) 계획(計劃)의 실시(實施)를 발표(發表)할 것이다.

3. 위임통치령 내(委任統治領 內) 항만개선(港灣改善)에 소비(消費)되는 비용(費用)의 상세(詳細)를 발표(發表)할 것이다.

4. 토인(土人)의 재산(財産)과 부(富)의 증진방법(增進方法)을 제시할 것이다. 그런데 이 보고(報告)에 의(依)하면 남양무역(南洋貿易)의 이익(利益)은 수출(輸出)이 훨씬 수입(輸入)을 초과(超過)해 대부분(大部分)은 일본무역회사(日本貿易會社)가 독점(獨占)하는 것이라고 한다.

17
—
남양으로 가는 뱃길이 열린다네!

물산이든 사람이든 남양으로 가기 위해서는 교통문제가 해결되어야 한다. 남양군도는 섬이다. 조선에서 머나먼 태평양의 섬이므로 배를 타야 갈 수 있다. 항로를 열어야 했다.

일본은 해군이 통치하던 1916년 1월에 '남양군도 도항선 및 도항자 심득心得'을 마련했다. 그러나 민간인이 사용할 수 있는 항로는 아니었다. 민간인을 위한 항로는 남양청 설립 이후부터 마련하기 시작했다. 1922년 남양청은 먼저 명령항로동회선, 서회 메니트선, 서회 앙가울선를 개성하고 일본우선(주)이 담당하도록 하며 보조금을 지급했다. 그 후 1924년에 동서연락선을 신설하고, 1928년에는 기점과 종점 항구를 변경했다. 이전에는 요코하마橫浜가 기점이었는데, 고베神戶로 변경했다. 종점 항구는 모지門司를 요코하마로 변경했다. 이제 고베~요코하마가 기점과 종점 항구가 된 것이다. 1929년에는 새롭게 사이판선을 신설했다. 사이판선은 당시 미국령이던 민다나오와 연계되도록 했다.

이 같이 일본 본토와 남양 사이의 항로가 정비되자 1935년부터는 남양항로와 조선의 관계를 고려한 논의도 일어났다. 조선과 남양 사이의 항로 문제를 논의하기 시작했다는 것은 화물과 사람을 운반할 필요가 커진다는 것을 의미한다. 당시 당국은 조선과 남양 간 무역을 촉진하기 위한 논의가 활발했다. 남양에 없는 조선의 과일을 판매하자는 논의도 있었다.

항로가 개설 다음 단계는 항공로다. 물론 항공로 개설은 군사적 목적과 관련이 깊으므로 개설이 쉽지 않았다. 남양군도와 일본 본토 간 항공로가 개설된다면, 이미 개설한 홍콩~

마닐라, 남중국과 연결된 미국의 항공로와 연결이 가능해지기 때문이다. 1936년에 국제연맹에 보고하기도 했으나 쉽지 않았다. 1936년부터 시작된 항공로 개설 논의는 1939년에야 가능하게 되었다.

조선과 남양 간 직항로는 1939년 항공우편물부터 가능했다. 1939년 4월 1일 조선의 경성에서 남양청의 소재지인 팔라우까지 항공우편물을 보낼 수 있게 되었다. 그러나 사람이 항공을 이용한 것은 아니었다. 1940년 3월 5일부터 요코하마와 팔라우 사이를 오가는 승객을 수송하기 시작했으니, 아직 조선의 차례는 오지 않았다.

1935년 5월 매일신보 기사는 부산항을 무역항으로 발전시키자는 취지의 기사에서 남양항로를 언급한 내용이다. 부산상공회의소 우에다上田 이사가 인터뷰 내용을 통해 부산항의 발전 포부를 밝히고 있다.

이후 1936년 조선총독부는 직통항로 개설을 전제로 한 무역촉진책을 계획하기도 했다. 이러한 논의에 힘입어 1937년 4월부터 부산은 남양해운항로의 기항지가 되었다. 월 1회 부산항에서 남양으로 떠나는 정기선이 부산항을 이용하게 되었기 때문이다. 1937년 3월 11일자 조선일보는 '화주들의 요망에 따라' 부산항이 정기 항로의 기항지가 되었다는 소식을 전하고 있다.

자료 원문 남양항로와 함께 부산의 비약을 약속, 조선의 특산을 속속 수출
[南洋航路와 함께 釜山의 飛躍을 約束, 朝鮮의 特産을 續續 輸出 : 매일신보 1935년 5월 2일]

별항(別項)과 같이 대판상선뉴제항로(大阪商船紐濟航路)의 부산기항(釜山寄港) 실현(實現)에 대하야 상전(上田) 부산(釜山)상공회의소(商工會議所) 이사(理事)는 다음과 같이 말한다.

다년(多年) 우리가 요망(要望)하고 또 꾸준히 운동(運動)하여 오던 대판상선뉴제항로(大阪商船紐濟航路)가 부산(釜山)에 정기(定期)기항(寄港)을 실현(實現)하게 되었음은 부산(釜山)은 물론(勿論)이요 전 조선(朝鮮) 무역발전상(貿易發展上) 동감(同感)을 불감(不堪)하는 바입니다. 작년(昨年)은 동양(東洋) 항로(航路)를 개척(開拓)하여 조선(朝鮮)경제(經濟)무역(貿易)에 적지 않은 공헌(貢獻)이 있었던 부산(釜山)이 다시 금회(今回)에 뉴제항로(紐濟航路) 기항(寄港)으로 인(因)해 해외(海外)무역항(貿易港)으로써의 실력(實力)을 발휘(發揮)하야 장래(將來)의 비약(飛躍)을 약속(約束)하게 되었습니다. 현재(現在) 부산항(釜山港)에서 수출(輸出)하는 무역품(貿易品)은 **[해독 불가]과 **[해

독 불가 뿐이지만 금후(今後) 경북(慶北)지방(地方)의 연초(煙草) '슬립퍼' 및 북선(北鮮)의 **[해독 불가] 기타(其他) 조선(朝鮮)의 경작물(耕作物)이 점차(漸次) 수출(輸出)될 것입니다. 운운(云云)

자료 원문 남양해운항로 부산기항 실현, 4월부터 월 1회
[南洋海運航路 釜山寄港實現, 4월부터 月 1回 : 조선일보 1937년 3월 11일]

남양해운(南洋海運)의 조왜항로(爪哇航路)는 종래(從來) 부산(釜山)의 정기항로(定期航路)가 없었으나 이번에 조왜(爪哇) 직통무역촉진(直通貿易促進)과 화주(貨主)의 요망(要望)에 따라 오는 4월(月)부터 매월(每月) 1회(回) 부산(釜山)에 기항(寄港)하기로 하였는 바, 월(月) 1회(回) 기항(寄港)하는 받돈환(丸)은 4월 7일 기항(寄港)할 예정(豫定)이라고.

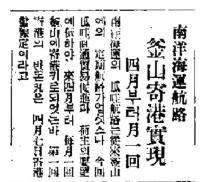

18

—

남양위임 통치령은 절대 반환하지 않는다!

1935년 3월, 국제연맹은 일본의 남양군도 위임통치를 인정했다. 그럼에도 여전히 일본은 남양군도 통치 문제에 관심이 많았다. 이미 국제연맹을 탈퇴한 상황에서 언제든 국제 정세가 변할 수 있기 때문이다. 또한 1931년 만주사변을 일으킨 후 중국 화북지방을 침입하며 관내 침략 시기를 저울질하던 일본은 세계정세를 면밀히 파악해야 했다.

1937년 3월 4일, 일본의 중의원 의원 오자키 유키오尾崎行雄가 정부에 제출한 질문서는 하나의 사례다. 질문서 내용 가운데 남양군도 관련은 7번이 해당한다.

■ 오자키 유키오尾崎行雄, 1858~1954

가나가와神奈川현 출신의 정치가. 관리통계원 서기관와 신문기자를 거쳐 중의원 의원을 지냈으며 의원근속연수와 당선회수, 최고령의원 기록을 가지고 있어서 '헌정의 신' '의회정치의 아버지'로 불렸다.

> **자료 원문** 군비는 최소한도, 경쟁의사는 없고, 남양위임 통치령은 반환 않는다 - 오자키씨 질문에 대한 정부의 답변 내용
> [軍備는 最小限度, 競爭意思는 都無, 南洋委任 統治領은 返還 않는다 - 尾崎씨 質問에 對한 政府의 答辯內容 : 조선일보 1937년 3월 25일]

〈東京電報同盟[*동경전보동맹] 〉미기행웅씨(尾崎行雄氏)가 지난 4일 제출(提出)한 재정(財政) 경제(經濟) 군비(軍備) 및 외교(外交)에 관(關)한 질문취의서(質問趣意書)에 대(對)해 정부(政府)는 23일자로 답변서(答辯書)를 발표했는

데, 그 요지(要旨)는 다음과 같다.

1. 대장대신 답변(大藏大臣答辯)

목하(目下) 내외(內外) 여러 정세(情勢)로 보아 국방(國防) 충실(充實) 기타(其他) 설비(設備) 때문에 당분간(當分間) 큰 액수의 세출(歲出)이 필요(必要)한 것은 각오(覺悟)해야 한다. 그러므로 조세수입(租稅收入)의 증가(增加)를 도모(圖謀)하는 외에 당분간(當分間) 상당액(상당액)의 공채(公債)를 발행(發行)함도 부득이(不得已)하다. 정부(政府)는 이번에 전(前) 내각(內閣)이 입안(立案)한 세제개혁안(세제개혁안)을 부득이(不得已)버리고 우선 세제임시증징(稅制臨時增徵)을 시행하기로 했는데, 정부(政府)는 대체(大體)로 제도(制度)의 정비(整備)를 주안(主眼)으로 해서 중앙지방(中央地方)의 세제(稅制)를 개정(改正)할 생각이다.

2. 육해군대신 답변(陸海軍大臣答辯)

일본(日本)의 육해군 군비(陸海軍軍備)는 일본(日本) 국체(國體)를 옹호(擁護)하고 국권(國權)을 유지(維持)하며 일본(日本)의 평화적(平和的) 발전(發展)을 보장(保障)함에 요(要)하는 최소한도(最小限度)의 정비(整備)를 목표(目標)로 하는 것이오. 어느 특정(特定)한 국가(國家)를 목표(目標)로 하는 것이 아니다. 일본(日本) 국정(國情) 지리적(地理的) **[해독 불가] 및 현재 국제정세(國際情勢)를 살펴볼 때, 군비(軍備)의 목표(目標)를 한쪽에 국한(局限)할 수 없을 뿐 아니라 어느 가정에 입각(立脚)해 육해군(陸海軍) 군비(軍備)의 한쪽에 결함(缺陷)을 일으키면 오히려 타국(他國)에게 약점(弱點)을 엿보게 하여 전쟁(戰爭) 유발(誘發)의 위험(危險)을 크게 하는 것이다.

3. 육해군대신 답변(陸海軍大臣答辯)

제2항의 답변(答辯)에서 언급한 바와 같이 자주적(自主的)으로 국방상(國防上) 필요(必要)하다고 인정하는 최소한도(最小限度)의 군비(軍備)를 정비(整備)하고자 함이오. 추호(秋毫)라도 열강(列强)과 군비경쟁(軍備競爭)을 하고자 하는 것은 아니다.

4. 육해군대신 답변(육해군대신答辯)

국제안전(國際安全)을 기(期)함에는 유독(惟獨) 군비충실(軍備充實) 뿐 아니라 국가(國家)의 종합적(綜合的) 국력(國力)을 향상(向上) 발달(發達)시키지 않으면 안된다.

5. 총리대신 답변(總理大臣答辯)

정부(政府)는 *자(者) 정강(政綱)을 드러내 그 *도(道)의 대방침(大方針)을 명백(明白)히 한 바 있는데, 금후(今後) 더욱 그 구체화(具體化)를 도모해 국운(國運) 진전(進展)에 노력(努力)하고자 한다.

6. 외무대신 답변(外務大臣答辯)

일본(日本) 국체(國體)와 상용(相容)되지 못하는 코민테른의 파괴공작(破壞工作)은 국제적(國際的)이므로 그 방비(防備)도 국제적(國際的) 노력(努力)이 필요(必要)하고 또 유효(有效)하다고 인정(認定)하므로 정부(政府)는 독일국(獨逸國)과 사이에 협정(協定)을 체결(締結)한 것이다. 장래(將來)는 그 운용(運用)에 착오(錯誤)가 없도록 하고 협

軍備는最少限度
競爭意思는都無
南洋委任統治領은返還안는다

尾崎氏質問에對한 政府의答辯內容

●은 尾崎氏

정(協定)의 본지(本旨)에 따라 충분(充分)한 성과(成果)를 거두도록 노력(努力)하고자 한다.

7. 외무대신 답변(外務大臣答辯)

정부(政府)는 구독일식민지(舊獨逸植民地)인 남양위임통치지역(南洋委任統治地域)을 반환(返還)할 의사(意思)가 추호(秋毫)도 없다.

8. 총리대신 답변(總理大臣答辯)

만주사변(滿洲事變) 후(後) 만주국(滿洲國)을 중심(中心)으로 양성(釀成)된 주변형세(周邊形勢)는 국경분쟁(國境紛爭) 등(等)이 아직 자취를 감추지 않고 충돌(衝突)의 위험상태(危險狀態)에 있음은 유감(遺憾)이다.

9. 육군대신 답변(陸軍大臣答辯)

정계(政界)의 부패(腐敗)만을 책(責)하는데 급(急)하고 자기(自己)의 책(責)을 회피(回避)할 생각은 없다. 정치적(政治的) 부패사실(腐敗事實)은 지적(指摘)하지 않는다.

10. 육군대신 답변(陸軍大臣答辯)

육해군성(육해군성)을 합병(合倂)해 국방성(國防省)으로 할 생각은 없다.

11. 육군대신 답변(陸軍大臣答辯)

일본(日本)은 독특(獨特)한 입헌정치(立憲政治)의 건전(健全)한 발달(發達)은 충심(衷心)으로 절망(切望)한다는 뜻을 누누(屢屢)히 언명(言明)한 바이고 일본(日本)에 무벌정치(武閥政治)가 실현(實現)된다는 것은 꿈에도 생각할 수 없는 사실(事實)이다.

12. 외무대신 육군대신 답변(外務大臣陸軍大臣答辯)

공정타당(公正妥當)한 기초(基礎)에서 군비(軍備)의 국제적(國際的) 협정(協定)에는 정부(政府)는 종래(從來)와 같이 성의(誠意)로써 협력(協力)할 용의(用意)가 있다. 그러나 현재 세계정세(世界情勢)를 살펴보면, 오늘날 일본(日本)으로부터 먼저 제창(提唱)하더라도 그 목적(目的)을 이룰 수 있는 호기(好機)라고는 인정(認定)할 수 없다.

19

1930년대 사탕수수농장

1938년 남양협회 남양군도지부가 발간한 사진첩에 실린 사진이다. 정확한 연도와 장소는 알 수 없다. 티니안으로 추정할 뿐이다. 사진에서 보는 것처럼 사탕수수 나무는 성인 키보다 컸다. 그리고 가지가 억세서 손을 베기 일쑤였다. 조선 사람들은 사탕수수나무를 단옥수수라고 불렀다. 일하다가 배가 고프면 사탕수수가지를 잘라 단물을 빨아 먹었다고 한다.

■ 1930년대 남양군도의 제당사업 현황

일본의 음식 문화를 생각하면 떠오르는 맛은 '단짠'이다. 달콤하고 짠 맛이 특징이다. 설탕이 가득 들어간 단팥죽부터 간장에 찍어 먹는 음식들이 즐비하다.

일본인들이 단맛을 즐길 수 있었던 것은 오키나와沖繩와 타이완臺灣 점령 후 이곳에서 사탕수수를 재배했기 때문이다. 그 후 남양군도를 차지하면서 일본에 사탕수수를 조달할 지역은 늘어났다.

1914년 일본이 제1차 세계대전에 참전해 남양군도에 발을 내딛으면서 일본에서 남양군도는 새로운 산업 유망지역으로 떠올랐다. 1916~1918년 타이완에 진출했던 일본 기업들은 남양군도에서 제당업과 관련한 다각적인 조사를 실시했다. 이들 기업은 이미 사탕수수농장을 운영한 경험이 있었는데, 남양군도에서 제당업의 가능성을 발견했다. 그러나 선뜻 남양군도의 제당업에 뛰어들지 못하고 관망하고 있었다. 이 때 니시무라西村척식(주)과 난요南洋식산(주)이 적극 나섰다.

이들 두 기업은 남양청이 설립되기 이전에 이미 미간지를 확보하고 노동력 확보에 주력했다. 니시무라척식(주)은 사이판 시가지인 가라판Garapan Town에서 떨어진 섬의 남부관유지 700정보, 민유지 21정보 임대를, 난요식산(주)은 북부관유지 1040정보, 민유지 51정보 임대를 각각 빌려 소작농장과 직영농장을 경영했다.

1920년도 상반기 두 회사의 사탕생산량은 124톤이었다. 두 회사는 사탕을 모두 일본으로 보냈다. 그러나 1920년 여름부터 사탕시장이 폭락했다. 제1차 세계대전 이후 맞은 일본의 경제불황 때문이었다.

그러자 일본 해군과 외무성은 남양군도 척식사업 전체를 재검토하기 시작했다. 재검토한 결과 나온 방안은 국책회사를 만들어 척식사업을 본격적으로 펼치는 것이었다. 1921년 일본 당국은 지지부진한 난요식산과 니시무라척식을 정리하고 새로운 국책회사로 난요南洋흥발(주)을 세웠다. 조선의 동양척식(주)가 자금과 기술력을 제공하고 타이완에 있던 마쓰에 하루지松江春次를 최고경영자로 앉혔다. 마쓰에 하루지는 설탕왕이라고 불렸다. 지금도 사이판 슈가킹 공원에는 마쓰에 하루지의 동상이 서 있다.

당국이 마쓰에 하루지를 난요흥발(주)의 최고경영자로 초빙한 것은 남양군도의 기간산업으로 육성하려는 품목의 하나가 제당업製糖業이었기 때문이었다.

1922년 문을 연 남양청은 남양청은 제당업을 기간산업으로 육성하고자 자금과 토지, 노동력의 확보나 노동문제 등 난요흥발(주)의 사업을 대대적으로 지원하고, 보호했다. 남양청은 1922년 제당규칙을 만든 후 난요흥발(주)이 실질적으로 남양군도 제당업을 독점하도록 했다. 난요흥발(주)은 남양청이 무상으로 제공해준 사이판이나 티니안의 경작지에서 사업을 펼쳤다. 사탕수수농장을 운영하고, 설탕을 가공한 제당업과 주정업酒精業·전분·수산·제빙 등이 주요 사업 품목이었다. 그 후 1936년 11월, 일본 정부가 난요南洋척식(주)을 설립할 때 자본을 투자한 후 자회사가 되었다.

난요흥발(주)은 티니안섬 전체를 사탕수수농장과 제당공장으로 운영했고, 사이판섬에서도 사탕수수농장과 소채농장채소농장, 제당공장을 운영했다. 또한 1940년 10월 이후에는 폼페이에 있던 전분공장을 사탕수수를 원료로 하는 무수주정無水酒精공장으로 전환했다.

■ 남양협회

1912년 고무개척업자와 타이완총독부 민정장관인 우치다內田嘉吉 등이 가진 간담회를 계기로 설립했다. 간담회를 계기로 발족한 남양간담회非公式를 토대로 1913년 남양협회를 설립했으나 자금난으로 그해 말 해산했다. 그러나 이듬해인 1914년 일본의 제1차 세계대전 참전으로 일본에서 남양열풍이 다시 일어나자 우치다 민정장관과 이노우에 등 6명이 협의해 1915년 도쿄에서 발기인 총회를 열고 다시 설립했다. 남양협회는 설립 당초부터 '관민일치의 철학'을 가지고 정부의 적극적 협력을 목적으로 창설했다. 특히 외무성과 농상무성 등 2성 외에 타이완총독부의 원조는 중요한 버팀목이 되었다. 남양협회 남양군도지부는 1923년 문을 열었다.

1930년대 사탕수수 수확 모습
[남양협회 남양군도지부(南洋協會南洋群島支部), 『남양군도 사진첩(南洋群島寫眞帖)』, 1938, 150쪽 수록]

20

천국의 섬에 농사지으러 갑니다

1938년 남양군도의 조선인 인구는 갑자기 늘어 704명이 되었다. 1936년과 비교하면 160명이 늘어났다. 늘어난 곳은 사이판32명과 얍61명, 팔라우45명였다. 늘어난 사람은 조선인만이 아니었다. 일본인도 마찬가지로 2년 사이에 1만 5천명 정도 늘었다. 사이판에 이렇게 인구가 늘어난 것은 사탕수수재배와 제당공장 등 제당업과 관련이 있었다.

2년 사이에 늘어난 조선인들은 어떤 사람이었을까. 160명 전원에 대해서는 알 수 없다. 다만 당시 신문기사를 통해 경남 함안과 의령에서 남양군도를 향해 출발한 조선인의 사례를 알 수 있을 뿐이다.

경남 함안과 의령에서 고향을 떠난 이들은 조선인친목회의 지속적인 홍보와 조선총독부의 협력의 결과였다.

1933년부터 조선인친목회는 조선인 노동자 알선에 노력을 기울였다. 임원들의 가장 큰 수입은 남양군도 국책회사에 노동자를 알선하는 일이었기 때문이다. 그러므로 이들은 1930년대 초반 언론을 통해 조선사회에 남양열풍을 일으키려 했다. 평양에서 '남양영화대회'를 열어 '산해진미 가득한 남양군도'를 열심히 알렸다. 그러나 반응은 냉담했다.

여전히 조선 사람들에게 남양은 낯설었다. 비교적 가까운 일본을 놔두고 굳이 멀리 태평양까지 갈 필요가 없었다. 그런데 1938년 3월, 결실을 이루었다. 그 이유는 무엇일까.

1937년 중일 전쟁이 일어난 후 남양군도의 사탕수수농장은 노동력 부족 현상을 겪게 되었

다. 사탕수수농장에서 일하던 일본인오키나와인 포함들이 군대에 가게 되었기 때문이다. 난요
흥발(주) 소속 일본인 농민들도 속속 전선으로 가고 있었다.

이렇게 남양군도의 국책회사가 어려운 상황에서 조선총독부가 손을 놓고 있을 수는 없었
다. 조선인친목회의 알선을 적극 돕고 나섰다. 더구나 당시는 전시가 아닌가.

게다가 경남 의령과 함안군은 여전히 가문 피해가 심각한 곳이었다. 이러한 때, 가뭄에 농
토를 잃고 유리걸식하는 조선의 농민들에게 남양군도로 농사지으러 가라고 하면 거절할 이
들은 없을 것이다. 그렇게 된다면, 조선총독부로서는 가뭄의 피해를 입은 조선의 농민들을
구휼할 필요도 없고, 남양청이나 난요흥발의 노동자 알선에 나선 조선인친목회에게는 도와
주었다는 체면이 서니, 그야말로 '누이 좋고 매부 좋고, 꿩 먹고 알 먹고, 1석 2조'가 아닐 수
없었다.

관련 신문기사는 2건이다. 조선일보는 남양군도 농장으로 가는 경남 의령군 농민들을, 매
일신보는 경남 함안군 농민들을 보도했다. 이 가운데 비교적 내용이 풍부한 신문은 조선일
보이다.

조선일보 기사 내용에 의하면, 의령군 출신 농민 44명은 '임영래 인솔'로 3월 7일, 의령을
떠나 남양군도로 가게 되었다. 조선일보가 이 사실을 알게 된 것은 철도국으로 통해서였다.
조선일보는 '조선노동자의 세계적 진출'에 즈음해 '장래 발전을 축복'해주었다. 매일신보도
'남양에 가는 개척자, 조선 농민들의 진출'에 큰 의미를 부여했다.

매일신보 기사는 43명의 함안군 출신 농민들이 3월 7일, 남양군도로 출발하게 되었다는
내용이다. 의령군 농민들과 마찬가지로 '농장에서 일할 일꾼이 있으면 보내달라는 부탁'에
따라 선발했다고 한다. 또한 이들의 편안한 여행을 위해 철도국에서는 '특별서비스'를 준비
했다.

매일신보기사는 조선일보에 비해 기사 분량도 적지만 오류도 보였다. 인솔자인 '임영래'를 마
치 농장으로 일하러 가는 농민인 듯 표현했다. 전남에서 출생한 임영래는 일본 히로시마廣
島에서 중학을 졸업하고 난요南洋무역에 입사해 회조 청부와 운수청부업을 하다가 팔라우
회조부 인부 취체역관리자으로 일했다. 이후 남양군도 국책회사에 조선인을 알선하고 관리

한 것으로 알려져 있다.

2건의 기사 내용을 종합하면, 3월 7일, 조선인친목회 대표인 임영래가 경남 함안과 의령군 출신 농민 87명을 인솔해 남양군도로 출발할 예정이다.

이들은 어떻게 남양군도로 가게 되었을까! '남양의 모농장이 의령군에서 뽑아 보내달라'는 주문'을 했기 때문이다. 조선일보 기사 내용에 의하면, 남양의 모농장은 '의령군'이라는 특정 지역을 콕 찍어서 '주문'했다. 신문기사 내용대로 특정 지역을 지정해서 주문했는지 알 수 없지만 경남 의령과 함안을 대상으로 선발했음을 알 수 있다.

■ 왜 경남 의령과 함안일까

1938년 3월, 경남 의령과 함안은 어떤 특징을 가진 지역일까. 경남은 1929년에 큰 가뭄을 당한 지역이다. 1929년 가뭄 피해를 당한 지역은 경남을 포함해 경북과 전남 등 세 곳이었다. 1932년과 1935년, 1936년에도 조선에 한발가뭄은 닥쳤으나 경남은 큰 피해를 입지 않았다. 그러나 이미 1929년 가뭄으로 경남은 39,928정보의 논이 갈라져 농사를 지을 수 없었다. 농토가 줄어들면 농사지을 땅을 구하지 못하는 농민이 늘어날 수밖에 없다.

■ '일꾼을 보내달라고 부탁'을 한 사람들은 누굴까

아마 사탕수수농장을 운영하던 난요흥발(주)이었을 것이다.

자료 원문 조선노동자 남양 진출, 경남의령에서
[조선노동자 남양 진출, 경남의령서 : 조선일보 1938년 3월 4일]

내지나 만주 방면으로만 풀팔이를 하러가게 되는 조선노동자가 이제는 멀리 언제든지 여름기후인 열대지방 남양(南洋)까지 진출하기 시작했다. 3일 철도국에 들어온 정보를 보면, 오는 7일에 경남 의령군(宜寧郡)에서 모집된 노동자 44명은 임영래(林榮來)씨의 인솔로 군북역(郡北역)에서 단체로 차를 타고 떠나서 남양으로 가기로 되었다. 한다. 조선노동자가 남양까지 진출하게 되는 것은 종래에 보지 못한 희귀한 일인데, 이번 이들은 남양 모농장(米農場)으로부터 의령군에서 뽑아 보내달라는 주문이 와서 급히 가게 된 것이라 한다. 일찍이 4,50년 전에 남(南)아메리카 묵서가(墨西嘉)[*멕시코]나 북미합중국으로 개발회사(開發會社)를 통해 노동자가 멀리 서양으로 진출한 일이 있은 것은 벌써 오랜 역사이지만 이제 와서는 드디어 남양까지 진출하게 되었으므로 조선노동자의 세계적 진출이라 그들의 장래 발전을 축복할만한 일이다.

자료 원문 남양군도에 까지 조선농군의 진출,
함안군에서 40명 선발되어, 철도국에서도 특별 '서비스'

[南洋群島에 까지 朝鮮農軍의 進出, 함안군에서 四十명 선발되어, 鐵道局에서도 特別 '서비스' : 매일신보 1938년 3월 4일]

남양군도(南洋群島)로부터 농장에서 일할 일꾼이 있으면 보내달라는 부탁이 있어 경남 함안군(咸安郡)에서 이민 갈 개척자를 인선했던 바, 이제 임영래(林榮來) 외 43명이 결정되었으므로 오는 7일 군북(郡北)을 출발해 남양으로 향하게 되었다 한다. 그리하야 철도국에서는 그들 개척자의 여로를 평안히 하고자 편리를 돕도록 각 역장에게 통첩하였다.

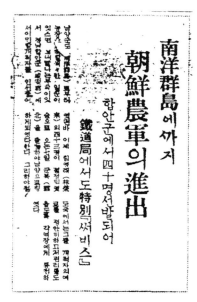

21
—
천국의 섬으로 농사지으러 간
의령 농민들에게 일어난 일

1938년 3월, 조선에서 언론의 축복을 받으며 고향을 떠난 경남 함안과 의령군 출신 농민들은 그 후 어떻게 되었을까. 이들이 고향을 떠난 지 6개월 만에 의령지방 소식으로 관련 기사가 실렸다. 그런데 희소식이 아니었다.

아래 기사에 의하면, 의령군에서 출발한 65명의 농민들은 1937년 겨울 회사원 임영래의 모집에 의해 1938년 3월 7일, 사이판으로 출발했다. 이들은 가족을 먹여 살리기 위해 5년 기한으로 일을 하러 갔다. 그러나 출발한 후 아무 소식이 없었다. 가족들은 그저 5년이 어서 지나가 다시 만날 생각만 하고 있었다. 그러다가 최근에 갑자기 김씨와 차씨 가족들에게 계속 '돈을 보내 사람을 살려달라'는 전보가 왔다. 또한 가족들은 고향으로 찾아온 사람에게 부친이 폭행을 당했다는 소식도 들었다. 이러한 전보와 소식은 의령지역사회에서 큰 화제가 되었다고 한다. 가족들은 '관청의 허가를 내고' 떠났는데, 황당한 소식이 당도하니, '살아도 산 것 같지 않은' 불안한 나날을 보내고 있었다. 기자는 전보를 받고 불안해하는 가족들의 심경을 현지 취재해 보도했다.

이들은 왜 고향의 가족들에게 급히 돈을 보내달라고 했을까. 더구나 '돈을 보내서 사람을 살려 달'고 호소했을까. 전보를 받은 가족들은 돈을 보내지 않은 것으로 보인다. 이후에 이들은 어떻게 되었을까. 알 수 없다.

■ 65명이 모두 의령군 출신?

신문기사를 보면서 다른 의문점도 생겼다. 신문기사에서 언급한 65명이 의령군 출신 농민일까. 아마도 함안군과 의령군 출신 농민을 합한 숫자가 아닐까.

■ 임영래가 개인적으로 한 모집인가?

기사에서 '회사원 임모'라고 언급한 것을 보면, 임영래가 개인 차원이 아니라 남양군도 국책회사 이름을 내세워 모집에 나선 듯 하다. 또한 '관청의 허가'를 언급한 점을 보면, 임영래의 모집 과정에 관청이 개입한 것으로 보인다.

이 시기는 국가총동원법이 제정 공포되기 이전이었으므로 강제동원 시기는 아니었다. 그러므로 관이 개입할 법적 근거는 없었다. 그럼에도 관은 개입한 것으로 보인다. 아마 공식적인 개입은 아니었을 것이다. 공식적으로 개입할 수 있는 상황이 아니었음에도 암묵적인 지원과 압력이 있었기에 임영래는 농민들을 남양으로 데려갈 수 있었다.

자료 원문 남양행 노동자 뒷 소식, 돈 보내서 사람 살리라는 전보가 집중, 가족들은 초조 막심
[南洋行勞働者 뒷 소식, 돈 보내서 사람 살리라는 전보가 집중, 家族들은 焦燥莫甚 : 동아일보 1938년 9월 3일]

〈宜寧[*의령]〉 이미 보도한 바와 같이 경남 의령(慶南宜寧)에서는 남양 사이판이라는 섬에 있는 모 회사원 임모가 작년 겨울부터 출가할 노동자를 모집하게 되어 금년 이른 봄에 65명의 노동자가 모여서 남양의 섬으로 출발한 후 일반 사회에서도 노자관계로 인한 추측에 그들의 소식이 몹시도 궁금하였고, 보내고 난 후로 그 가족들은 5년이란 긴 세월을 어서 흘러가라는 관념과 공상에 정부와 이별한 후 봄바람 여름밤에 멀리 남양의 하늘을 바라보고 남편과 자식 또는 형제의 안위에 귀를 기울여 오던 중 요즈음에 와서는 반갑지 않은 소식만 나올 뿐으로 의령의 거리에 일종의 화제가 떠 있다. 자기들이 가는 것과 갈 때에 자기들이 노동하지 않으면 가족을 먹여 살리지 못할 것. 가정에서는 없는 돈을 먼저 잃고 간 그들이 돈을 보내어서 사람 달려달라고 애원하는 전보가 태평양의 사나운 물결에 눈물을 더해 멀리 보낸 정회도 오히려 금치 못할 가족에게는 열루[*눈물]를 짜낼 뿐이다.

의령읍내에 사는 차모(車某)와 의령군 가례면 봉두리(嘉禮面 鳳頭里)에 사는 김모의 가족에게 3,4차 그런 전보가 왔다 하며. 김모에게는 그 아들 무권(武權)이란 사람[*누구의 아들인지 알 수 없음]이 어서 돈 보내 살려달라는 전보를 매일 보낸다는데, 앞에서 언급한 차모의 아들과 김모는 찾아간 기자에게 다음과 같이 말했다.

김덕일 담(金德一談) 먹고 살려는 욕심으로 자식을 보내고 마음이 놓이지 않은 차에 돈 보내라는 전보를 여러 차례 받으니 속이 아픕니다. 어제도 전보, 오늘도 전보입니다. 당초에 [*남양군도에]보내지 않으려 하다가 관청에 허가를 내고 간다기에 보낸 것이 일이 이리 되었습니다. 운운

차씨 담(車氏談) 나는 한 마을에 급사를 보았고, 부유한 남양으로 가서 5년간 돈을 벌어 살아보자는 마음으로 부친이 [*남양군도에] 갔습니다. 그 전에도 반가운 편지는 오지 않으나 한*경이라는 사람이 찾아와서 전하는 소식에 부친이 맞았다는 소식을 듣고 골수가 쓰립니다. 돈 보내라는 전보가 옵니다. 그러나 보낼 돈은 없고, 살아 있어도 산 것 같지 않습니다. 운운

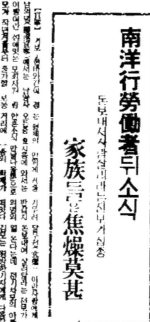

22

남양청은 부른다! 조선 노동자 5백명을

1938년 4월 국가총동원법이 제정 공포되어 5월부터 효력을 나타내기 시작했다. 국가총동원법은 일본 본토와 남사할린, 식민지조선, 타이완, 점령지남양군도, 중국 관동주의 인력과 물자, 자금을 총동원할 수 있도록 만든 전시수권법이다. 이 법을 근거로 국민징용령 등 하위 법령을 제정해 인력과 물자, 자금을 동원했다.

당연히 조선이나 남양군도도 국가총동원법과 하위법의 적용 대상지였다. 1939년 초 부터 조선의 농민들이 남양군도의 농장이나 토목건축공사장으로 동원되기 시작했다. 남양군도로 강제동원의 문이 활짝 열린 것이다.

이 대목에서 남양군도에 조선인이 가게 되는 배경과 과정을 다시 한 번 살펴보자.

조선인친목회 임원들의 가장 큰 수입은 남양군도 국책회사에 노동자를 알선하는 일이었다. 그러므로 이들은 1930년대 남양열풍을 일으키려 했다. 언론의 도움을 받으며 평양에서 '남양영화대회'를 열어 '산해진미 가득한 남양군도'를 열심히 알렸으나 반응은 냉담했다.

그러다가 1930년대 후반 "야자수는 부른다!"는 신문기사가 사회면을 메우기 시작했다. 갑자기 조선에 남양열풍이라도 분 것인가. 조선인 친목회가 열심히 홍보할 적에도 불지 않던 바람이다. 무슨 일일까. 풀무질의 주인공은 조선총독부였다.

왜일까. 조선의 노동력이 필요했기 때문이다. 원래 일본은 국제연맹규약인 C식 위임통치조항 규정에 따라 남양군도에 육해군 근거지를 건설할 수 없었다. 그러나 아시아태평양전쟁을 일으키자 상황은 변하기 시작했다. 1931년 만주사변을 일으키고 만주국을 세운 일본은 1933년 3월 국제연맹을 탈퇴했으나 남양군도의 위임통치국으로서 지위는 유지했다. 이 시기 남양에서 조선인 노동력 확보는 시급하지 않았다. 만주를 차지하고 만주국을 통해 간접 통치하고 있었으므로 더 이상 전쟁터로 보낼 장정을 늘릴 필요도 없었다.

그러다가 1937년 중일전쟁을 일으키면서 상황이 달라졌다. 일본은 국제연맹의 위임통치규약을 어기고 남양군도에 본격적인 비행장과 항만건설에 착수했다. 게다가 사탕수수농장과 광산, 비행장에서 일하던 일본인 장정들이 남양군도의 일터를 비우고 전선과 일본 본토 군수공장으로 떠났다. 그러자 이들을 대체할 노동력을 확보해야 했다. 누가 있을까. 누구를 데려와야 할까. 맞다. 조선사람들이 있었지. 그래서 조선사람을 데려가게 되었다.

더구나 법까지 마련한 마당에 거칠 것이 없었다. 가장 먼저 동원한 이들은 토목공사장에 필요한 노동력과 일부 그들의 가족이었다. 팔라우섬 소속 코로르로 떠난 이들이었다.

동아일보 기사에 의하면, 남양청의 의뢰에 따라 조선총독부 경무국의 결정으로 팔라우와 팔라우섬 소속 코로르섬에 총 5백 명의 조선 농민들을 보내게 되었다. 500명 가운데 50명은 가족을 동반할 수 있었는데, '식량조달을 위해 가족을 동반해서 밭을 개간'해야 하기 때문이었다. 이들은 2월부터 50명씩 부산항을 출발해 일본 모지[門司]항에 도착한 후 남양청 당국자가 인수해 남양군도로 출발할 것이라 했다. 500명을 한꺼번에 보내지 않고 나누어서 보내는 이유는 배편을 확보해야 하기 때문이라 했다.

■ 자활공사?

기사에서는 '자활공사'를 위해 조선인들이 남양군도로 간다고 언급했다. 자활공사라고 하면, 조선 동포들이 먹고 살기 위한 공사라는 의미다. 그러나 과연 '자활공사' 때문이었을까. 이들은 팔라우에 가서 도로를 닦고 각종 군사 시설 공사장에서 일했다. 원래 일본은 국제연맹규약 위임통치조항 규정에 따라 남양군도에 육해군 근거지를 건설할 수 없었다. 그런데 왜 공사를 위해 멀리 조선의 농민들까지 데려가려는 것인가. 침략전쟁을 하기 위해서였다. 미국과 전쟁을 하기 위해서는 남양군도에 비행장과 도로 등 인프라를 구축해야 했다. 그러므로 전쟁을 위한 공사를 '자활'공사라 볼 수 없다.

■ **코로르** Koror

서부 태평양에 있는 섬으로, 팔라우 공화국의 코로르 주 소속. 2006년 10월, 응게룰무드로 이전할 때까지 팔라우의 수도였다. 팔라우 공화국의 상업 중심지로 코로르 주의 주도이다. 면적은 8km^2 정도이며 인구는 2004년 기준 14,000명으로 팔라우에서 가장 인구가 많은 섬이다. 팔라우 제도에서 가장 큰 섬인 바벨다오브 섬의 7km 정도 남서쪽에 위치한 다리로 연결되어 있다.

자료 원문 야자수는 부른다! - 멀고 먼 남쪽나라에서도, 노동자 5백명을 초빙, 남양청의 의뢰에 총독부에서 알선 방침, 4월부터 이송을 계획
[椰子樹는 부른다! - 멀고 먼 南쪽나라에서도, 勞働者 五百名을 招聘, 南洋廳의 依賴에 總督府서 幹旋方針, 四月부터 移送을 計劃 : 동아일보 1939년 1월 18일]

노동력의 태부족으로 생산 진흥에 지장을 가져오는 것은 내외 일반인 오늘, 신춘 벽두에 남양청(南洋廳)에서 자활공사를 위해 조선노동자 5백(五百)명의 알선이 주문 왔으므로 총독부 내무국에서는 국외이주에 관계되는 곳인 경무국과 협의한 결과 최근 방침을 결정하고 대죽(大竹)내무국장으로부터 관계국장회의에 보고되었다. 공사장은 야자수 우거진 '파라오'도(島)[*팔라우섬] 소속 '코로도'(島)[*코로르섬]도로 기타 확장 공사로. 대우는 여기보다 좋을 것이라고 하며 연령은 20(二十)세로 40(四十)세, 체력 강건하고 지도견실한 자로, 5백(五百)명 중의 1할인 50(五十)명은 가족을 데리고 가는 것은 용인하게 되었고, 이 가족 동반은 거기 토지에 관습되기 까지 문제이므로 밭을 짓게 하려는 것이다.

이(二)월부터 유(六)월까지 매회 50(五十)명 가량씩 보낼 터인데, 조선에서 모집되는 자는 적당하게 조사한 후 50(五十)명씩을 부산에 모아가지고 문사(門司. *모지항)에 가서 남양청 당국자에게 인도시키기로 되었고, 2(二)개년간은 계속적으로 이 공사에 일하고, 2(二)년 후에는 희망에 따라서 계속 일을 시키도록 알선하려는 것이라 한다.

오백여 동포 현재 수년 증가의 현세 (오백여 동포 현재 수년 증가의 현세)!

남양(南洋)이라면 아직도 우리의 인식에 알려지지 않아 야자수 그늘이 우거지는 상하(常夏)의 나라인줄로만 알 뿐, 우리의 발길은 멀다고 생각하게 되는데, 사실은 그렇지 않아, 거기에 가서 상주하는 조선인도 오래전부터 상당한 수효에 달하는데, 위임통치구역에 간 조선인 조사에 의하면 소화 12년도[*1937년]에 오백 18(十八)인으로 소화 10(十)년[*1935년]에 비하면 1백(一百) 37(三十七)명이 증가해 해마다 증가를 보인다고 한다. 이리하야 북으로만 살길을 찾아가는 줄 알던 우리가 남쪽으로도 발을 돌리는 현상이 나타나게 되었다.

"오십명(五十名)식 알선(斡旋) 대우(待遇)도 양호(良好)하다" 내무당국 담(內務當局 談)

내무당국은 기후나 풍토가 다름으로 음식 등을 위해 처자 딸린 노동자는 보내려는데 남양청 당국에서는 노동자의 부족 기타로 거기에 정착을 희망하고 있다. 희망자는 각 군을 거쳐서 조사한 후에 알선해주었고, 적극적으로 이주시키지는 아니하려 한다. 대우는 조선보다 좋고 차비나 배삯 등은 모두 남양청에서 지급하기로 되었다. 배편 관계로 1회에 50(五十)명으로 확정한 것이다.

23
—
이상향일랑은 아예 생각지도 말라!

1939년 1월 21일에는 지난 18일에 조선의 언론을 통해 보도한 노동자 5백명의 남양군도 알선에 대한 후속보도가 있었다. 조선총독부가 구체적인 방침을 결정했기 때문이다. 총독부의 방침은 이미 동아일보에서 총독부 담당자인 내무당국자의 말을 빌어 보도한 내용과 크게 다르지는 않다.

이전 보도와 차이점은 '이상향'에 대한 기대치를 아예 포기하도록 강조하고 있다는 점이다. 바로 며칠 전에도 신문에서는 '야자수 우거진 파라오섬'을 이야기했는데, 갑자기 '이상향은 절대 불가'라고 못 박고 나섰다. 무슨 일일까. 현지 노동실태가 만만치 않음을 조선총독부 당국 스스로 인정했기 때문이 아닐까.

■ 어떤 지역 출신 조선인이 고향을 떠났을까?

경남과 경북, 전남과 전북 출신 조선인들이 고향을 떠났다. 구체적으로는 경남 남해군, 경북 김천군·상주군·예천군·칠곡군·군위군·경주군·영천군·경산군, 전남 광주부·광산군·화순군·담양군·나주군·장성군·고흥군·목포군, 전북 정읍군·부안군·순창군·남원군·임실군·김제군·정주군 출신이었다.

▪ 전남과 전북, 경남과 경북은 대가뭄의 피해를 입은 지역이다?

조선에는 대가뭄의 피해를 자주 입었다. 특히 농경지가 많은 남쪽 지방은 피해의 주요 대상 지역이었다. 조선인의 출신 지역전남북과 경남북 가운데 전북과 경북은 1938년에 일어난 대가뭄의 피해를 많이 입은 지역이었다.

▪ 누가 이들을 데려갔고, 부려먹었을까?

남양청이 의뢰했으나 실제 조선인을 부린 이는 기무라구미木村組라는 토목건축청부업 회사였다. 일본 도치기현栃木縣에 본사를 둔 기무라구미가 남양청으로부터 조선인을 인계받아 토목 공사장에 투입했다.

▪ 실제로 500명이 고향을 떠났을까?

조선총독부 내무국 사회과가 만든 자료남양행노동자명부철 3종에 의하면 고향을 떠난 조선인은 300명가족 15명 포함이다.

▪ 이들이 남양군도로 가는 길은 어떠했을까?

부산항 → 시모노세키下關 → 요코하마橫浜 → 팔라우, 사이판으로 갔다. 보통 열흘에서 보름 정도 걸리는 먼 길이었다.

▪ 강제동원?

이들은 최초의 남양 진출자만이 아니라 최초로 남양군도에 강제동원된 조선인 노무자들이다. 무엇을 근거로 주장하는가. 신문기사에 의하면, 이들은 남양청의 '초빙'을 받고 떠났다. 그런데도 '강제동원 피해자'라고 할 수 있는가. 그렇다.

이들은 자기 발로, 스스로 원해서 고향을 떠났다. 그러나 남양청과 조선총독부 당국의 정책에 의해 고향을 떠난 이들이다. 이들이 비록 스스로 원해서 자기 발로 갔더라도 자유노동자는 아니었다. 당시 시대가 그러했다. 전쟁 수행을 위해 국가총동원법이라는 법을 만들어서 일본과 식민지, 점령지의 인민과 물자, 자금을 동원하던 시기였다. 조선 농민들은 스스로 선택했으므로 자유노동자라고 생각할 수 있다. 그러나 전시는, 평시와 다르다. 평시라면, 자본가와 노동자가 정식으로 계약을 맺었으므로 양자가 공동 책임을 진다. 노동자는 권리와 의무를 갖는다. 그러나 전시의 '총동원체제' 속에서 권리와 의무를 가진 노동자는 없다. 의무만 있는 노무자가 있을 뿐이다.

당국은 정책적 목적에 따라 인력을 동원할 뿐이다. 다만 효율성을 위해 '과장하고 속이는' 방법을 취한다. 억지로 끌고 가기 보다는 스스로 가는 방법을 취한다. 일본 당국만이 했던 방식이 아니다. 제2차 세계대전을 치르던 독일도 이탈리아도 모두 이런 방식으로 동원했다. 그러므로 한국정부에서는 1938년 5월 국가총동원법이 발효된 후 당국의 정책적 목적에 따라 동원한 이들을 강제동원 피해자로 규정했다. 1939년 초에 남양군도로 떠난 이들도 해당되었다.

이들은 당국의 정책에 따라 동원되었으므로 이들을 선발하고, 열차와 배로 수송하는 일은 남양청과 조선총독부가 담당했다. 조선에서 이들을 선발하는 일은 각도 사회과가 담당했고, 철도국이 부산항까지 수송을 담당했다. 부산항을 떠나 남양군도까지 가는 수송은 남양청 책임이었다. 이 모든 과정은 실시간 상부에 보고했고, 문서로 남겼다. 공적인 업무였기 때문이다.

자료 원문 남양행 노동자 모집요항 결정 [南洋行勞働者 募集要項決定 : 동아일보 1939년 1월 21일]

기보[*이미 보도한] 남양청 구인[*求人] 도항자의 알선에 대해 총독부 당국에서 알선 방침이 작성되었다.

1. 노동장소 : 남양청 직할 공사로 축항과 도로 기타 공사
2. 알선노동자 : 조선인 남자 5백(五百)인을 10(十)회에 나누어 1회 50명씩 월 2회로, 그 중 1할 정도는 가족을 데리고 간다.
3. 노동자의 연령 범위 20세(二十) 이상 40(四十)세 까지
4. 알선기간 : 2(二)월부터 6(六)월까지 5개월간
5. 알선구역 : 주로 충청남북도 경상남북도 전라남북도의 6개도에서 알선한다.

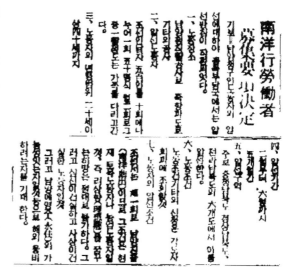

6. 노동조건 : 노동조건 기타 신청은 각도 사회과에 조회할 것

7. 노동자의 알선조건 : 조선에서는 제1회로 남양진출(南洋進出)이므로 그 조건은 현재 토목노동자나 농업노동자일 것. 즉 이상향(理想鄕)을 꿈꾸는 희망은 절대로 불가하다. 그리고 심신이 건실하고 사상이 건실한 노동자일 것.

그리고 남양에 영주(永住) 가능성 있는 자일 것 등으로 해외 웅비하려는 자를 기대한다.

자료 원문 남양에 갈 노동자, 큰 꿈은 꾸지 말라, 남양청의 알선 요청에 대한 총독부의 알선 방침
[南洋갈勞働者, 큰 꿈은 꾸지말라, 南洋廳의 斡旋要請에 對한 總督府의 斡旋方針 : 조선일보 1939년 1월 21일]

남양청(南洋廳)에서는 조선노동자 오백명을 청한다는 것은 기보[*이미 보도한 기사]와 같은데, 총독부에서는 이십일 드디어 그 알선방침을 결정하였다. 즉 그 방침내용 중 주목할 만한 것은 조선으로서는 처음 되는 남양진출이니만치 첫째 현재 토목노동자 또는 농업노동인 것과 둘째로는 심신이 건전하고 사상이 건실한 노동자인 것과 셋째로는 남양에 영주할 수 있는 사람으로 행여 남양에 가면 무슨 큰 수나 되듯이 이상향을 꿈꾸는 사람은 절대로 갈 필요가 없다는 것이다.

24

—

경남 거창 출신 조선인 108명, 최초의 남양행 조선노동자가 되어 고향을 떠나다

1939년 1월 27일, 동아일보와 매일신보에는 '야자수의 나라 남양군도'로 떠나게 된 경남 출신 조선인 기사가 실렸다. 두 신문 기사는 차이점을 보이고 있지만 공통 내용은 거창과 김천의 조선인 208명이 24일 고향을 떠난다는 점이다.

의문점을 몇 가지 해결해보자.

■ 조선총독부가 관여했는가 ?

이들은 조선총독부 사회과의 특별전보를 받은 경남도 지방과가 나서서 대상자를 모집했다. 당국이 관여했음을 알 수 있다. 그러나 조선총독부 내무국 사회과가 만든 자료_{남양행노동자명부철} 3종에 208명의 흔적을 찾을 수 없다. 조선총독부가 직접 주관한 업무는 아닌 것이다.

그럼에도 이들이 고향을 떠나는 과정에서 당국은 관여한 것으로 보인다. 그 이유는 이들이 매우 급하게 고향을 떠날 수 있었다는 점이다. 특히 사이판으로 간 이들은 남양무역주식회사라는 기업의 이름을 내걸었다. 그런데 거창에서 모집을 완료_{23일}한 이튿날인 24일에 고향을 떠났다.

일반적으로 조선에서 나가는 배를 타기 위해서는 신상정보에 관한 각종 서류_{호적등본, 도항증명서 등}가 필요했고, 모든 서류를 발급 받는 데에는 적지 않은 시일이 걸렸다. 지금으로 말하자면, 비자를 발급받아야 하는 일인데, 시간이 좀 많이 걸리겠는가. 보통 한 달 이상이 걸리는 일이었다. 그런데 이들은 마치 콩이라도 볶듯 하루 만에 해결하고 신속히 조선을 떠났다. 조선 총독부 당국이 적극 개입하지 않았다면 있을 수 없는 일이었다.

■ 임영래는 누구인가?

매일신보에서 인솔자로 보도한 임영래는 조선인친목회 대표 임영래와 한자 이름과 소속이 동일하다. 다만 주소지의령군 의령면 중동가 다를 뿐이다. 동명이인인가, 아니면 동일한 인물일까. 기사에 실린 주소가 본적이 아니라 임시 거처한 곳의 주소라면 동일인일 가능성이 높다.

■ 그렇다면 208명은 강제동원된 이들인가?

이들이 고향을 떠났을 당시에는 강제동원되지 않았다. 기업의 모집에 응해 돈을 벌기 위해 떠난 이들이기 때문이다. 그러나 현지에서 상황이 달라졌다. 1941년 12월 일본이 미국과 전쟁을 시작한 후, 남양군도는 일본 '격전지'의 하나가 되었다. 미군의 입장에서는 일본과 전쟁에서 승리하기 위해 반드시 차지해야 하는 중요한 지역이었다. 일본 본토 공습을 위해서는 남양군도의 비행장을 확보해야 했다.

일본당국은 1944년 미군이 다시 점령할 때까지 민간인들도 군무원으로 차출하고, 농장에서 사탕수수를 재배하던 이들과 일반 기업에 소속된 이들을 현지에서 징용으로 전환현원징용해서 비행장을 닦고 군수품을 실어 날라야 했다. 1944년 4월 남양흥발(주)은 사이판에서 현지 주둔군과 협정야노矢野-오하라小原 협정을 체결했다. 회사 소속 노동자를 언제든지 군무원으로 제공하겠다는 협정이다. 1944년 6월 로타에서는 협정도 필요 없었다. 육군이 16세 이상 남성을 징발해 부대에 편입해 일을 시킬 수 있도록 했다.

규정대로 하지도 않았다. 그 보다 어린 아이들도 차출했다. 일본 아이들도 피할 수 없었다. 1944년 4월부터는 당시 국민학교 6학년생들도 비행장으로 차출되었다. 그런 상황에서 멀쩡한 조선 장정들을 내버려두었겠는가. 그러므로 1941년 12월에 고향으로 돌아오지 않았다면, 208명도 강제동원을 피할 수 없었을 것이다.

야자수 나라의 개척, 선발대 108명, 부산 출범 발정

[椰子樹 나라의 開拓, 先發隊 百八名, 釜山出帆發程 : 동아일보 1939년 1월 27일]

상하(常夏)의 나라 남양으로부터 초빙을 받은 조선인노동자 5백
(五百)명 중 경남도내에서 약 150명(一百五十)을 보내라는 배당이 지난
25일 총독부 사회과로부터 경남도 지방과로 우선 특전[*특별전보]이
왔으므로 근일 중 도내 각 군을 통해 그 희망자를 구해서 발정시킬
모양인데. 이와 별도로 남양 모회사의 초빙으로 경
북 김천(金泉)에서는 백(百)명 경남 거창(居昌)에서 백
(百)명이 떠나게 되어 그 선발대로 거창으로부터 온
108(백팔)명의 노동자는 지난 24(二十四)일 밤 부산
을 떠나는 관부연락선으로 남양개척의 첫길을 떠
났다. 이리하여 25(二十五)일 아침 문사(門司)를 거쳐
우선(郵船) 산성환(山城丸)으로 목적지인 ㅇ라우[*팔라
위]를 향해 출발하리라 한다.

남양개척부대, 김천에서 108명, 거창에서 100명, 지난 24일 각각 출발

[南洋開拓部隊, 金泉서 百八名, 居昌서는 百名, 지난 二十四日 各各 出發 : 매일신보 1939년 1월 27일]

〈김천〉 지난 24일(二十四日) 오후 4시 48분 김천을 떠난 열차로 남양을 향해 가는 노동자 108명의 일단이
떠났다. 인솔자는 경남 의령군 의령면 중동 임영래(林榮來)씨로 모집해가는 곳은 남양무역주식회사(南洋貿易

株式會社) '파라오' 지점이며, 이 일단에 참가한 노동
자는 대개 경남 거창사람으로 문사(門司)를 거쳐 목
적지로 향해 간다 한다.

〈거창〉 몇날 전부터 경남 거창(慶南 居昌)에는 남양
무역주식회사에서 미기수진(尾崎壽진)씨가 와서 남
양개척의 제일선에서 활약할 노동자를 모집 중이
든 바, 지난 23일까지 예정인 수백명이 모집되어
지난 24일 오후 한 시에 문사로 향해 떠났다는데.
문사에서 남양 출범(出帆)은 오는 26일이라 하며,
이번 노동자는 모두 사이판 지점에서 회조부(回漕
部)에 종사케 되리라 한다.

25
—
강제동원을 말한다 - 남양행노동자명부철

조선총독부는 1939년부터 1940년까지 강제 동원되어 조선을 떠난 조선인 노무자土建과 農業 노무자, 553호, 1463명와 관련한 문서철을 세권 남겼다. 지금 국가기록원 홈페이지에서 남양행 노동자명부南洋行勞働者名簿라는 이름으로 확인할 수 있다. 얼핏 보면, 한 권인 듯 싶지만, 모두 세 권이다. 세 권의 문서철은 서로 깊은 관련성이 있다.

세 종류의 문서철 가운데 첫 번째는 남양행노동자명부철南洋行勞働者名簿綴이다. 이 책 22번과 23번 자료에 나오는 팔라우 공사장으로 간 이들과 8월부터 12월까지 집단농장으로 간이들을 보내게 된 과정과 명단을 실었다.

그런데 문서철에 수록된 문서 제목에서 의문점이 생긴다.

■ '이민'이라고? 이민이라면 '강제동원'이 아니라 자발적으로 간 행위 아닌가!

남양군도 강제동원을 이야기할 때 가장 혼란스러워하는 부분이다. 일본은 남양군도의 농장으로 동원한 조선인을 '남양농업이민자'라고 표현했다. 조선총독부와 남양청이 남긴 문서 제목도 '이민'이다.

이민! 이민은 자발적인 이주가 아닌가. 전시가 아니라 평상시의 이민이라면 그렇다. 그러나 1938년 4월 일본이 국가총동원법이라는 법을 공포한 후는 세상이 다르다.

남양농업이민은 일본의 국책사업이자 점령지를 대상으로 한 척식拓植사업이다. 척식사업이란 미간지를 개척해 농사를 짓게 하는 것이다. 남양청은 '남양청 주관 남양개발 제1차 관유지개간이민계획'을 세우고 남양농업이민을 실시했다.

1937년 중일전쟁 후 일본의 점령지역이 확대되고, 군수물자 생산이 시급해지면서 일본 외 지역만주, 사할린, 남양군도 등에 대한 조선인 노동력 필요성이 높아지자 조선총독부는 중국 관내지역과 만주 등 기존의 집단이주사업을 체계화하고 확대하기 위해 제도적인 조치를 마련했다. 이민 제도다.

조선총독부는 '이민'이라는 이름 아래 농업노무자들을 활용하기 위해 제도를 마련하고 실행에 들어갔다. 1939년 2월 22일 이민위원회 규정조선총독부훈령 제9조을 마련해, 정무총감이 직접 주관하도록 했다. 규정 제1조에 '농업을 목적으로 만주 기타 지방으로 조선인의 이주에 관한 중요사항을 조사심의하기 위해 조선총독부에 이민위원회를 설치한다'고 명시했다.

■ 이민위원회 규정 : 1939.2.22(훈령 제9호)
제1조 농업을 목적으로 만주 기타 지방으로 조선인의 이주에 관한 중요사항을 조사심의하기 위해 조선총독부에 이민위원회를 설치한다.
제2조 위원회는 위원장 1인 및 위원 약간 명으로 조직한다.
제3조 위원장은 조선총독부 정무총감으로 충당한다. 위원은 조선총독부내 고등관 및 학식경험자 중에서 조선총독이 명하거나 촉탁한다.
제4조 위원장은 회무를 통리한다. 위원장 사고가 있을 때에는 위원장이 지정한 위원이 그 사무를 대리한다.
제5조 위원장은 필요가 있다고 인정될 때에는 조선총독부내 고등관 기타 적당하다고 인정되는 자에게 회의에 출석하여 의견을 진술하도록 할 수 있다.
제6조 위원회에 간사를 두고 조선총독부 고등관 중에서 조선총독이 임명하며, 간사는 위원장의 지휘를 받아 서무를 정리한다.
제7조 위원회에 서기를 두고 조선총독부 판임관 중에서 조선총독이 이를 임명하며, 서기는 상사의 지휘를 받아 서무에 종사한다.

또한 조선총독부는 외사부 척무과칙령 532호, 1939. 8. 3.공포, 사정국 척무과훈령 103호, 1941. 11. 19., 사정국 외무과훈령 54호, 1942. 11. 1., 농상국 농무과훈령 88호, 1943. 12. 1. 농상국 농상과훈령 96호, 1944. 11. 22 등 만주와 중국관내 지역의 송출을 관장할 행정기구를 별도로 설치, 운영했다. '이민'을 내세운 '동원'을 위한 행정기구였다.

이러한 정책 아래 조선 농민들은 만주로, 남양군도로 동원되어 집단농장에서 군용식량과 군수품 원료카사바, 사탕수수를 재배했다.

■ 조선총독부가 직접 주관했나?

남양농업이민은 호난豊南산업(주)과 난요흥발(주), 난요척식(주) 등 농업이민을 담당한 회사가 남양청에 필요한 인력을 요청하는 것에서 시작했다. 인력요청부터 조선에서 농민들을 선발해서 수송하고 남양군도 현지에서 조선인을 인수하는 모든 과정계획 수립 및 요청 → 동원 → 수송은 조선총독부 내무국 사회과와 남양청 내무부가 총괄했다. 대상자 선정과 신원조사, 수송 등 모든 업무는 각도의 내무부 사회과와 군청, 면사무소가 수행했다. 부산까지 도의 직원이 직접 인솔하고, 부산에서 남양에서 온 회사 직원이 인솔했다. 인솔하는 도 직원은 기차역마다 인원 수를 확인한 후 곧바로 조선총독부에 보고했다. 거미줄같이 촘촘한 감시 속에서 이루어진 철저한 계획 수송이었다. 이 같이 '남양농업이민'이라는 이름 아래 남양으로 간 조선인들은 일본이라는 당시 국가권력이 마련한 법적 근거 및 공식적인 행정 행위에 의해 동원된 농업노무자이다.

■ 농민? 노동자? 노무자?

남양청의 공문서에서 '노무자'라는 단어를 확인할 수 있다. 노동자는 자본가와 노동자 사이에 계약 관계를 통해 노동자의 권리를 주장할 수 있다. 상호 계약관계다. 그러나 노무자는 권리가 없고 의무만 있는 존재다. 그러므로 일방적인 관계다.

자료 내용 남양행노동자명부철

남양행노동자명부철은 1939년 2월과 3월에 실시한 조선인 토건노무자 동원 관련 자료 및 1939년 8월부터 실시한 농업노무자 동원 관련 문서를 모은 자료(문서철)이다.

명부철 이름	생산연도	생산기관	문서정보	담긴 내용	수록인원
남양행노동자명부철	1939	조선총독부 내무국 사회과	총 133면 MF필름	총 17건 : 1939.2~3월 토건노무자, 1939.8월 농업노무자 송출 관련 자료	499호 (1,226명)

신문기사에서는 토건노무자 500명이 고향을 떠난 듯 보도했다. 그러나 이 문서철에 의하면, 떠난 이들은 300명이다. 조선총독부와 남양청은 1939년 1월과 2월에 경상남도 남해를 비롯하여 전남과 전북 등지에서 할당모집한 후 2월부터 300명의 조선인을 노무자로 송출했다. '할당모집'이란 조선총독부에서 지역을 할당해서 인력을 확보하도록 하는 방식이다.

토건노무자들은 1939년 2월 7일부터 총 4회(2월 7일, 2월 20일, 3월 13일, 3월 19일)에 걸쳐 부산항을 출발했고, 농업노무자들은 8월 22일부터 총 8회(8월 22일, 9월 18일, 10월 10일, 10월 14일, 10월 17일, 11월 8일, 11월 28일, 12월 12일)로 나누어 부산항을 떠났다.

토건노무자들은 팔라우로 향했고, 농업노무자들은 농장이 자리한 팔라우와 티니안, 포나페로 떠났다.

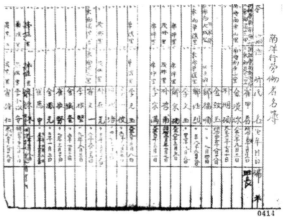

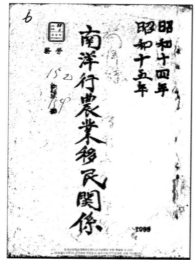

남양행노동자명부철 수록 현황(수록 순서) (단위 : 명)

번호	문서명	세부문서명	작성일	수록인원수	수록인원(세대주/동반인)	인계인	인수인	입회인
1	남양군도팔라오섬토목공업행노동자인도서	남양행노동자명부	390207	50	49/1	내무국사회과	기무라구미(木村組)	모지(門司)수상경찰서
2	전라남도출신남양목촌조행노동자인도서	남양행노동자명부(전남)	390220	89		내무국사회과	기무라구미	
3	남양행노동자명부(전북부안군)	단신자	390218	10	10/0			
4		남양행노동자명부(정읍군)	390218	10	10/0			
5	남양행노동자명부(전라남도)	남양행노동자명부		82	72/10			
6	남양군도행노동자인도서	남양행노동자명부(전북순창군)-남양행노동자조서	390313	10	10/0	내무국사회과	기무라구미	모지수상경찰서
		남양행노동자명부	390313	11	11/0	내무국사회과	기무라구미	모지수상경찰서
		남양행노동자명부(임실군)	390313	9	9/0	내무국사회과	기무라구미	모지수상경찰서
		남양행노동자명부(전남김제군)(반장최인채)	390313	12	10/2	내무국사회과	기무라구미	모지수상경찰서
		남양행노동자명부(완주군)	390313	7	7/0	내무국사회과	기무라구미	모지수상경찰서
7	남양군도행노동자인도서(목촌조)	남양행노동자명부(경남)	390319	99	95/4	내무국사회과	기무라구미	경성토목건축업협회
8	남양농업이민행노동자인도흥남산업조	남양농업이민명부(경북영천군)	390822	41	10/31	내무국사회과	호난산업㈜	경성토목건축업협회
		남양이주자연명부(경북의성군)	390822	40	10/30	내무국사회과	호난산업㈜	경성토목건축업협회
9	이주여행증명서		390822	4	1/3			
10	남양행농업이민인도서(호난산업)	이주자연명부(경북칠곡군)	391010	25	5/20	내무국사회과	호난산업㈜	
		남양농업이민연명부(창녕군)	391010	53	10/43	내무국사회과	호난산업㈜	
		남양농업이민연명부(협천군)	391010	65	10/55	내무국사회과	호난산업㈜	
11	남양행이주자인도서(난요흥발/포나페도행)	남양포나페도행농업이민명부(김천군)	390918	48	10/38	경북	난요흥발㈜	

12	남양행이주자인계서	남양이주자연명부 (경북의성군)	3910	29	10/20	경북	난요흥발㈜	
		남양이주자연명부 (경북김천군)	3910	58	20/38	경북	난요흥발㈜	
		이주자연명부 (경북경산군)	3910	45	10/35	경북	난요흥발㈜	
		이주자연명부 (경북청도군)	3910	42	10/32	경북	난요흥발㈜	
13	난요흥발주식회사행 농업이민인도서	남양이주자연명부 (경북의성군)	391014	26		내무국 사회과	난요흥발㈜	경북
		남양이주자연명부 (경북김천군)	391014	58		내무국 사회과	난요흥발㈜	경북
		이주자연명부 (경북경산군)	391014	45		내무국 사회과	난요흥발㈜	경북
		이주자연명부 (경북청도군)	391014	40		내무국 사회과	난요흥발㈜	경북
14	난요흥발주식회사행 농업이민인도서	이주자연명부 (경북달성군)	391017	15	3/12	내무국 사회과	난요흥발㈜	
		이주자연명부 (경북경산군)	391017	9	1/8	내무국 사회과	난요흥발㈜	
		남양농업이민명부 (경북영일군) -이주자연명부 (경북영일군)	391017	46	10/36	내무국 사회과	난요흥발㈜	
15	남양군도난요흥발주 식회사행농업이민인 도서	이주자연명부 (경북상주군)	391108	21	7/14	내무국 사회과	난요흥발㈜	경성토목 건축협회
		이주자연명부 (경북예천군)	391108	5	1/4	내무국 사회과	난요흥발㈜	경성토목 건축협회
		이주자연명부 (경북안동군)	391108	31	8/23	내무국 사회과	난요흥발㈜	경성토목 건축협회
		이주자연명부 (경북성주군)	391108	26	7/19	내무국 사회과	난요흥발㈜	경성토목 건축협회
16	남양행이민인도서	이주자연명부 (전북)	391128	85		부산도항 보호사무소	난요흥발㈜	경성토목 건축협회
		이주자연명부 (전북)	391129	91		부산도항 보호사무소	난요흥발㈜	경성토목 건축협회
17	남양행노동자이민 인도서	이주자연명부 (경북경산군)	391212	60	12/48	부산도항 보호사무소	난요흥발㈜	경성토목 건축협회
		이주자연명부 (전북)	391212	81	22/59	부산도항 보호사무소	난요흥발㈜	경성토목 건축협회
		이주자연명부 (전북)	391212	85	18/67	부산도항 보호사무소	난요흥발㈜	경성토목 건축협회
		이주자연명부 (전북)	391212	91	20/71	부산도항 보호사무소	난요흥발㈜	경성토목 건축협회

26

강제동원을 말한다
– 남양행농업이민관계철

남양행농업이민관계철南洋行農業移民關係綴은 남양군도의 집단농장으로 조선인을 동원한 추진 과정과 동원한 농민들의 명단을 담은 세 종류의 문서철 가운데 하나다. 세 종류의 문서철 가운데, 조선인을 남양군도의 집단농장으로 동원한 내용만을 담은 문서철은 두 종류남양농 업이민관계철과 '남양행농업이민관계철'이다. 그러므로 두 문서철을 함께 비교해야, 농장으로 동원 된 조선인에 대한 전체적인 내용을 확인할 수 있다.

62번으로 편철한 '노무자모집에 관한 건'1939년 6월 9일자에는 남양청 내무부장 도모토堂本貞一 가 작성해 조선총독부 내무국장 오다케大竹十郎 앞으로 보낸 문서조선인 농업이민에 대한 계획가 수 록되어 있다. 이 내용을 통해 조직적이고 계획적으로 조선인을 남양군도로 보냈다는 점을 알 수 있다.

'노무자 모집에 관한 건'에서 남양청 내무부장은 '남양흥발주식회사로부터 별지이민알선의뢰에 관한 건와 같은 내용의 요청서가 있었다'는 사실을 밝히고, '노동력 부족으로 고생'하고 있다 는 상황도 전했다.

이 문서에 첨부한 '이민알선의뢰에 관한 건'은 난요흥발(주)사장인 마쓰에 하루지松江春次가 조선 총독 미나미 지로南次郎에게 보낸 문서다. 이 문서에서 마쓰에 하루지는 운영상 어려움 을 다음과 같이 호소했다.

"우리 회사(*난요흥발)는 사업지인 남양군도 각지에서 사업을 확장하고 있으며, 필요한 인력은 종래 오키나와현을 비롯해 일본 동북 각 현으로부터 수시로 입식(入植, *이주)시켰습니다. 그런데 이번 사변(*중일전쟁)의 확대와 전시체제 정비로 인해 응소자(應召者, *군대 입대자)가 늘어나고 군수산업으로 전출하는 이들이 많습니다. 〈중략〉그러한 이유로 남양군도에 필요한 노동력 보충이 불가능하게 되어 남진국책(南進國策)인 남방 산업의 개발에 공헌하고 있는 우리 회사 사업도 경영상 상당한 곤란에 봉착했습니다."

마쓰에 하루지는 당시 설탕왕이라 불리던 인물이다. 1934년에 회사 직원들이 세운 동상이 지금도 사이판에 남아 있다. 그는 1937년 중일 전쟁 후 아시아태평양전쟁이 확대되면서 남양군도의 노동력 부족이 심각하니 조선의 농민을 보내 주십사 하며 호소했다. 마쓰에 사장의 호소는 엄살이 아니었다. 실제로 당시 난요흥발(주)은 로타제당소의 일본인 노동자 2천 명이 해군공사장으로 동원되면서 4개월이나 가동을 중지한 상황이었다. 이러한 어려움은 난요흥발만의 일이 아니었다. 국책기업들과 남양청의 공통적인 어려움이었다.

일본 정부는 어려움을 해결할 방법으로 조선을 주목했다. 1939년 1월부터 조선총독부와 남양청이 나서서 토건노동자와 농업노동자로 보내기 시작했다. 1939년 1월부터 3월까지 토건노동자를, 1939년 8월부터 1940년 1월까지 농업노동자를 동원했다. 총 553호 1,463명이 남양군도로 떠났다. 이 가운데 다수는 농장으로 가는 농민들이었다. 이들을 데려간 기업은 호난산업(주)과 난요흥발(주), 난요척식(주) 등 남양군도 국책기업이었다.

그렇다면 이들은 어떠한 절차를 거쳐 고향을 떠났을까. 세 종류의 문서철을 통해 확인한 송출업무의 진행과정과 부서별 업무 현황은 다음과 같다.

■ 제1단계
계획 입안 및 요청[계획입안 → 사업주의 요청 → 남양청 접수 → 조선총독부에 요청 → 조선총독부 접수]

■ 제2 단계 : 모집[도(道)에 하달 → 해당 도 내무부, 희망자 선정 및 신원조사 → 해당 도지사, 조선총독부 내무국에 상신 → 조선총독부 접수 → 남양청 내무부에 전달 → 남양청 내무부 접수]

■ 제3 단계 : 수송업무[해당 도, 수송업무 완료 → 기업 인수]

부서별 담당 업무		
담당 부서	업무 내용	참고
총독부 내무국 사회과	관련문서 출납, 남양청으로부터 요청 접수, 도에 업무 지시(이주자 선정, 이주자 신원조사, 지도자 선출, 이주자 수송), 풍남산업과 업무 조정(이주자 선정 조건, 수송절차 및 조건, 비용 정산)	송출 전체를 주관
남양청 내무부	사업 요청	송출사업 발주 (실제 수행자는 기업)
철도국 영업과	수송업무 수행	
부산해항보호사무소	수송업무 수행	
도 지사관방	문서출납	
도 내무부 지방과	내무국으로부터 업무 하달(이주자 선정, 이주자 수송), 부에 업무 지시(이주자 선정, 이주자 신원조사, 지도자 선출, 이주자 수송), 내무국에 업무 보고(이주자 선정 결과, 지도자 선출 결과, 수송 업무 수행 결과)	송출의 실제적인 수행처
군 서무계	문서출납	
군 내무계	부로부터 업무 하달(이주자 선정, 이주자 수송), 면에 업무 지시(이주자 선정, 이주자 신원조사, 이주자 수송, 지도자 선출), 부에 업무 보고(이주자 선정 결과, 지도자 선출 결과, 수송 업무 수행 결과)	
면 (면장→면서기→구장)	문서출납, 이주자 선정 업무, 이주자 신원조사 업무, 이주자 수송업무	선정 업무 수행

송출 업무를 주관하는 부서는 내무국 사회과와 남양청 내무부이고, 실제 수행기관은 도의 내무부 사회과와 기업이며, 선정업무 수행 기관은 행정의 가장 말단인 면이었다.

즉 남양농업이민관련 업무는 도의 지시를 받은 군과 면에서 이루어졌으며, 실질적으로는 면서기의 주도 아래 구장과 면 유력자들이 중심이 되어 대상자 선정과 신원조사, 수송 등을 수행했다. 이는 일제 말기에 일반적인 노무 동원 송출과정 및 노무동원 관련 행정조직과 동일했다.

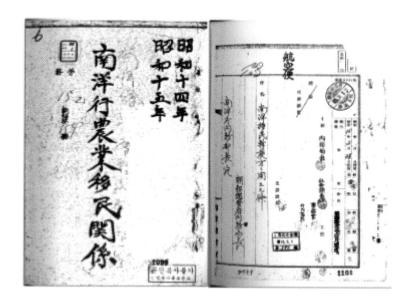

남양행농업이민관계철은 남양군도의 집단농장으로 조선인을 동원한 추진과정과 동원한 농민들의 명단을 담은 세 종류의 문서철 가운데 하나다.

명부철 이름	생산연도	생산기관	문서정보	담긴 내용	수록인원
남양행농업이민관계철	1939~1940	조선총독부 내무국 사회과	총 582면 MF필름	총 62건 : 1939.6.9~ 1940.2.28간 주고받은 왕복문서철	2호(6명)

남양행농업이민관계철은 1939년 9월부터 1940년 2월까지 남양군도로 조선인을 보낸 문서를 모은 문서철이다. 1939년 6월 9일자 생산 문서부터 1940년 2월 28일자 문서까지 총 62건의 문서가 담겨 있다.

남양행농업이민관계철의 문서 내용을 살펴보면 다음과 같다. 독자들의 이해를 돕기 위해 문서철을 묶은 (편철한) 순서가 아니라 문서 생산 일자 순서로 목록을 작성했다.

남양행농업이민관계철 수록 현황(생산일자 순서)

번호	편철순서	생산일자	제목	발신처	수신처	주무부서	첨부서류
1	62	390609	노무자모집에 관한 건	남양청 내무부장	내무국장	내무국사회과	전보, 서신.취업안내공고문
2	61	390911	남양이민알선방법에 관한 건	내무국장	경북전북도지사	내무국사회과	전보,서신

번호	편철순서	생산일자	제목	발신처	수신처	주무부서	첨부서류
3	60	390921	남양이민알선방법에 관한 건	내무국장	남양청 내무부장	내무국사회과	전보,서신
4	59	390925	남양이민알선방법에 관한 건	내무국장	경북도지사	내무국사회과	서신
5	57	390930	남양이민알선방법에 관한 건	내무국장	경북도지사	내무국사회과	
6	58	390930	남양이민알선방법에 관한 건	내무국장	경북전북도지사	내무국사회과	
7	24	391005	남양이민알선방법에 관한 건	경북지사	내무국장	내무국사회과	이주희망자선정조서, 연명부, 서신
8	23	391007	남양이민알선방법에 관한 건	내무국장	남양청 내무부장	내무국사회과	
9	55	391009	남양이민알선방법에 관한 건	내무국장	경북도지사	내무국사회과	
10	54	391016	남양이민수송의건	내무국장	경북도지사	내무국사회과	전보, 서신
11	22	391018	남양농업이민알선방법에 관한 건	경북지사	내무국장	내무국사회과	이주희망자선정조서, 연명부
12	19	391023	남양농업이민알선방법에 관한 건	경북지사	내무국장	내무국사회과	이주희망자선정조서, 연명부
13	50	391023		난요흥발 도쿄사무소	내무국 사회과	내무국사회과	
14	51	391023		난요흥발 도쿄사무소	내무국 사회과장	내무국사회과	
15	21	391024	남양이민알선방법에 관한 건	내무국장	남양청 내무부장	내무국사회과	
16	20	391025	남양이민알선방법에 관한 건	내무국장	남양청 내무부장	내무국사회과	이주희망자선정조서, 연명부
17	49	391025	남양행 이민가족 사망에 관한 건	난요흥발 도쿄사무소 노무과	내무국 사회과	내무국사회과	전보
18	53	391026	남양행농업이민 수송예정표송부의 건	난요흥발 도쿄사무소	내무국 사회과	내무국사회과	수송예정표
19	52	391027	남양이민수송의 건	내무국장	경북도지사	내무국사회과	전보
20	18	391030	남양농업이민알선방법에 관한 건	경북지사	내무국장	내무국사회과	
21	43	391030	남양이민알선에 관한 건	전북지사	내무국장	내무국사회과	수송조서, 소요액내역조사서, 전보

번호	편철순서	생산일자	제목	발신처	수신처	주무부서	첨부서류
22	48	391030	남양행농업이민 수송선기항지 수상서 취체(단속) 수배의뢰의 건	난요흥발 도쿄 사무소 노무과	내무국 사회과	내무국사회과	수송예정표
23	47	391101	제4회, 제5회 이민수송에 관한 건	난요흥발 도쿄 사무소 노무과	내무국 사회과	내무국사회과	
24	45	391102	남양이민수송의 건	내무국장	경북도지사	내무국사회과	수송신고서
25	56	391106	남양이민수송의 건	내무국장	경북도지사	내무국사회과	수송신고서
26	46	391107	서안안	내무국 사회과 노무계	난요흥발 도쿄사무소	내무국사회과	
27	42	391108	남양이민알선에 관한 건	내무국장	전북도지사	내무국사회과	
28	15	391113	남양이민알선방법에 관한 건	전북지사	내무국장	내무국사회과	연명부, 신상조서
29	41	391113	남양행이민알선 방법에 관한 건	내무국 사회과 노무계	경북도 사회과장	내무국사회과	연명부
30	44	391116	제6회,제7회 이민 수송에 관한 건	난요흥발 도쿄 사무소 노무과	내무국 사회 과 노무계	내무국사회과	전보 3통
31	17	391118	남양농업이민알선방 법에 관한 건	경북지사	내무국장	내무국사회과	
32	40	391120	남양행이민수송에 관한 건	내무국장	전북도지사	내무국사회과	수송신고서
33	39	391121	남양이민수송의 건	난요흥발	대곡(大谷. 내무국장)	없음	전보
34	16	391122	남양이민알선방법에 관한 건	내무국장	남양청 내무부장	내무국사회과	
35	12	391124	남양이민알선방법에 관한 건	전북지사	내무국장	내무국사회과	수송조서, 소요액내역조사서, 이주자명부, 신상조서,선정조서
36	38	391125	남양행이민수송에 관한 건	내무국장	전북도지사	내무국사회과	전보
37	37	391129	남양이민알선방법에 관한 건	내무국장	경북도지사	내무국사회과	
38	36	391204	남양행이민수송에 관한 건	내무국장	전북도지사	내무국사회과	수송신고서, 전보
39	35	391205	남양행이민수송에 관한 건	내무국장	경북도지사	내무국사회과	수송신고서, 전보

번호	편철순서	생산일자	제목	발신처	수신처	주무부서	첨부서류
40	34	391206	남양이민수송 변경의 건	내무국장	전북경북도지사	내무국사회과	전보
41	33	391211	남양이민수송에 관한 건	내무국장	난요흥발도쿄사무소	내무국사회과	전보
42	11	391213	남양농업이민알선 방법에 관한 건	경북지사	내무국장	내무국사회과	이주희망자선정조서, 연명부
43	32	391213	남양행이민수송에 관한 건	난요흥발도쿄사무소	내무국장	없음	전보
44	31	391214	남양이민수송에 관한 건	내무국장	경북도지사	내무국사회과	
45	30	391215		난요흥발도쿄사무소	죽내청일(竹內淸一.사회과)	없음	
46	14	391223	남양이민수송에 관한 건	전북지사	내무국장	내무국사회과	
47	8	391226	남양농업이민알선 방법에 관한 건	경북지사	내무국장	내무국사회과	
48	29	391227	남양이민알선에 관한 건	내무국장	경북도지사	내무국사회과	수송신고서
49	13	400104	남양이민알선방법에 관한 건	내무국장	남양청내무부장	내무국사회과	
50	6	400106	남양농업이민알선 방법에 관한 건	경북지사	내무국장	내무국사회과	이주희망자선정조서, 연명부
51	9	400110	남양농업이민알선 방법에 관한 건	경북지사	내무국장	내무국사회과	이주희망자선정조서, 연명부
52	28	400110	남양이민수송에 관한 건	내무국장	경북도지사	내무국사회과	수송신고서,전보
53	7	400112	남양이민알선방법에 관한 건	내무국장	남양청내무부장	내무국사회과	
54	5	400115	남양농업이민알선 방법에 관한 건	경북지사	내무국장	내무국사회과	이주희망자선정조서
55	10	400116	남양이민알선방법에 관한 건	내무국장	남양청내무부장	내무국사회과	
56	4	400118	남양농업이민알선 방법에 관한 건	경북지사	내무국장	내무국사회과	
57	3	400120	남양이민알선방법에 관한 건	내무국장	남양청내무부장	내무국사회과	
58	27	400127	남양이민수송에 관한 건	내무국장	경북도지사	내무국사회과	수송신고서

번호	편철순서	생산일자	제목	발신처	수신처	주무부서	첨부서류
59	26	400201	남양이민수송변경의 건	내무국장	경북도지사	내무국사회과	수송신고서, 전보
60	25	400205	남양이민수송변경의 건	내무국장	시모노세키 (下關)	내무국사회과	전보
61	2	400216	남양농업이민알선 방법에 관한 건	경북지사	내무국장	내무국사회과	이주희망자선정조서, 연명부
62	1	400228	남양이민알선방법에 관한 건	내무국장	남양청 내무부장	내무국사회과	

27

—

강제동원을 말한다
– 남양농업이민관계철

조선총독부가 남양군도로 보낸 조선인들의 과정과 명단을 담은 세 권의 문서철 가운데 마지막은 남양농업이민관계철南洋農業移民關係綴이다. 남양농업이민관계철은 1939년 8월부터 1940년 2월까지 남양군도로 출발한 조선인의 모습을 담고 있다.

남양군도에서 조선인들을 부린 기업은? 모두 국책기업이다.

남양농업이민을 주관한 국책기업	
난요흥발 (주)	1921년, 일본 해군과 외무성이 남양군도 척식사업 전체에 대해 재검토를 한 후 필요하다고 판단해 니시무라척식 등 기존 회사들을 흡수해 설립했다. 조선의 동양척식주식회사가 자금과 기술력을 제공하고 타이완에 있던 마쓰에 하루지를 최고경영자(이후 사장)로 앉혔다. 남양청은 제당업을 기간산업으로 육성하고자 자금과 토지, 노동력의 확보나 노동문제 등 난요흥발(주)의 사업을 대대적으로 지원하고, 보호했다. 특히 1922년에 제당규칙을 만든 후 난요흥발(주)이 실질적으로 남양군도 제당업을 독점하도록 했다. 난요흥발(주)은 남양청이 무상으로 제공해준 사이판이나 티니안의 경작지에서 사업을 펼쳤다. 사탕수수농장을 운영하고, 설탕을 가공한 제당업(製糖業)과 주정업(酒精業)·전분·수산·제빙 등이 주요 사업 품목이었다. 1936년 11월, 일본 정부가 난요(南洋)척식(주)을 설립할 때 자본을 투자한 후 자회사가 되었다.
호난산업 (주)	1938년 11월에 설립한 난요척식(주)의 자회사이다. 카사바 등 농업작물을 재배하고 가공해서 판매했다.
난요척식 (주)	칙령 제 228호(1936년 7월 27일자)에 근거해 미쓰이三井물산과 미쓰비시三菱상사, 동양척식(주) 등의 자본을 합해 척무성 대신을 최고 책임자로 1936년 11월에 창설한 국영기업이다. 척식사업을 추진하고 기업에 자금을 공급하기 위해 만들었다. 난요흥발과 호난산업 등 총 19개사를 자회사로 거느리고, 직영사업으로 앙가우르·후하이스섬에서 인광(燐鑛)을 운영했으며, 팔라우·얍(야프)·포나페 등지에서 농장을 경영했다.

■ 이들 기업은 어떤 조건으로 농민을 데려갔을까?

첫 번째 답은 남양농업이민관계철 31번 편철 문서1939년 7월 25일자에 있다. 이 문서는 1939년 7월 25일 조선총독부 내무국장이 경북도지사에게 보낸 문서남양농업이민알선방법에 관한 건이다. 문서에는, '개간경작에 경험이 있으며, 영주 의지가 있고 가족과 같이 떠날 수 있는 20~40세 농민을' 선발한다는 내용이 있다. 또한 가동稼動능력자가 많은 가족을 선호했다. 가동능력자란 현지에서 노동을 시킬 수 있는 사람을 말한다. 일할 수 있는 가족이 많으면 많을수록 환영한는 의미였다. 하루 노동시간은 오전 5시 30분부터 오후 5시 30분까지 10시간이지만 필요에 따라 연장할 수 있다고 했다.

떠나는 가족에게는 전대금前貸金으로 1호당 20원씩 지급했다. 전대금이란 빚이다. 빚이 있으면 농민들을 부리기 쉬우니 일종의 족쇄인 셈이다. 1939년과 1940년에 떠나는 농민들에게는 고용기간 2년이 정해져 있었으나 이후에 동원하는 조선인들에게는 아예 '영주'라고 못을 박았다. 또 다른 답을 보여주는 문서는 33번 편철 문서1939년 7월 17일자이다. 이 문서는 남양청이 수립한 제1차 이민계획의 내용남양청 주관 남양개발 제1차 관유지개간이민계획을 상세히 담았다. 이 계획에 따르면, 입식지入植地는 호난豊南산업(주)이 남양청으로부터 대부받은 팔라우 본도 소재 관유지이고 사업담당회사는 호난산업(주)이다. 입식방법은 소작인의 자격으로 입식해 카사바 등의 농작물을 재배하도록 하고 10년 후에 자작농으로 삼는다는 것이다. 이주에 관한 비용이주자의 도항비·농구비·가옥건축비·농작물수확비용 등과 경작수입에 대한 처리방안 등도 상세히 기재했다.

2년이라는 고용기간도 언제든 연장할 수 있었으므로 의미는 없었다. 섬에서 자유롭게 이동할 수 없었던 조선인들은 건강 쇠약자나 범법자가 아니면 쉽사리 벗어날 수 없었다.

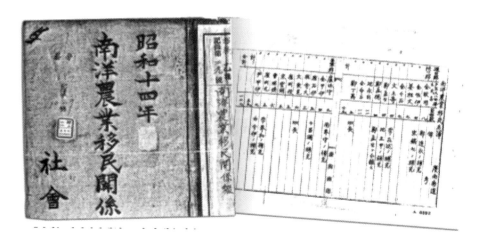

남양농업이민관계철은 남양군도 집단농장으로 조선인을 동원한 추진과정과 동원한 농민들의 명단을 담은 세 종류의 문서철 가운데 하나다. 1939년 6월 21일 생산 문서부터 1940년 2월 23일자 문서까지 총 40건의 문서가 들어 있다.

명부철 이름	생산연도	생산기관	문서정보	담긴 내용	수록인원
남양농업이민 관계철	1939~ 1940	조선총독부 내무국 사회과	총 324면 MF필름	총 40건 : 내무국 사회과, 남양청 내무부, 도 내무부 사회과 및 기업[호난산업 (주), 난요흥발(주)], 면이 주고받은 왕복문서철(기안 문·시행문·전보철·서신)	52호(231명)

세 종류의 문서철 가운데, 조선인을 남양군도의 집단농장으로 동원한 내용만을 담은 문서철은 두 종류('남양농업이민관계철'과 '남양행농업이민관계철')이다. 그러므로 두 문서철을 함께 비교한다면, 농장으로 동원된 조선인에 대한 전체적인 내용을 확인할 수 있다. 남양농업이민관계철의 발생 순서별로 문서 내용을 살펴보면 다음과 같다.

남양농업이민관계철 수록 현황(수록 순서)

번호	편철 순서	생산일자	제 목	문서 생산 주무부서	수신처	첨부물
1	37	390621	남양행노동자알선 방법에 관한 건	내무국장	남양청 내무부장	전보

번호	편철순서	생산일자	제 목	문서 생산 주무부서	수신처	첨부물
2	36	390628	남양농업이민알선 방법에 관한 건	내무국장	남양청 내무부장	전보
3	35	390703	남양농업이민알선 방법에 관한 건	내무국장	평북도지사	전보
4	34	390711	남양농업이민알선 방법에 관한 건	내무국장	남양청 내무부장	전보
5	32	390713	남양농업이민알선 방법에 관한 건	내무국장	남양청 내무부장	
6	33	390717	남양농업이민알선 방법에 관한 건	내무국장	경북도지사	전보
7	31	390725	남양농업이민알선 방법에 관한 건	내무국장	경북도지사	계약서, 이주자선정조서, 신원조사요령, 전보 3통
8	30	390731	남양농업이민알선 방법에 관한 건	내무국장	경북도지사	영수증
9	29	390731	남양농업이민알선 방법에 관한 건	내무국장	남양청 내무부장	
10	9	390805	남양농업이민알선 방법에 관한 건	경남도지사	내무국장	선출자명단, 신원조사내용
11	28	390808	남양행농업이민 수송의 건	내무국장	호난산업(주) 田中初三郎	전보, 여비지출결의서, 여행증명서, 서신
12	26	390809	남양농업이민 수송의 건	내무국장	경북도지사	전보
13	27	390810	남양농업이민알선에 관한 건	삼포의성 (三浦義城. 사회과 노무계)	호난산업(주) 田中	남양농업이민명단, 영수증, 전보 2통
14	25	390811	남양농업이민알선 방법의 건	내무국장	호난산업(주) 田中初三郎	전보
15	24	390814	남양농업이민수송의 건	삼포의성 (三浦義城)	호난산업(주) 田中	전보 3통, 서신 2통
16	7	390815	남양농업이민지도자 추천에 관한 건	경남도지사	내무국장	
17	23	390815	남양농업이민수송의 건	내무국장	경북도지사	전보, 농업이민수송신고서
18	8	390816	남양농업이민알선에 관한 건	내무국장	남양청 내무부장	이민자명단, 신원조사내용, 이주희망자선정조서
19	22	390817	남양농업이민수송의 건	삼포의성 (三浦義城)	호난산업(주) 田中	전보
20	21	390818	남양농업이민수송의 건	삼포의성 (三浦義城)	호난산업(주) 田中	전보 2통
21	6	390822	이주자여행증명서	경남도지사		
22	5	390830	남양농업이민알선에 관한 건	내무국장	남양청 내무부장	변경이주자명단, 신원조사내용, 이주희망자선정조서, 이주자여행증명서
23	20	390908		호난산업(주)	내무국장	
24	19	390911	남양농업이민알선 방법에 관한 건	삼포의성(三浦義城)	경북사회과	

번호	편철순서	생산일자	제 목	문서 생산 주무부서	수신처	첨부물
25	18	390913	남양농업이민알선 방법에 관한 건	내무국장	경남북도지사	전보, 노동자수송신고서, 서신
26	17	390916	남양농업이민수송의 건	내무국장	경남북도지사	전보
27	16	390929	남양농업이민수송 변경의 건	내무국장	경북도지사	노동자수송신고서,전보
28	2	390930	남양농업이민알선 방법에 관한 건	경남도지사	내무국장	이민자명단, 신원조사내용, 이주희망자 선정조서
29	14	391011		도항보호사무 소주임	사회과장	전보
30	13	391013		내무국사회과	호난산업(주)	선만척식(주)작성 입식(入植)조건개요
31	12	391016	남양농업이민알선 방법에 관한 건	내무국장	호난산업(주)	
32	4	391018	남양농업이민알선 방법에 관한 건	경남도지사	내무국장	이민선정명단, 이주희망자선정조서, 편지봉투, 남양이주자연령명세표
33	10	391024		호난산업(주)	내무국장	
34	11	391024	남양농업이민수송의 건	내무국장	경북도지사	전보
35	3	391027	남양농업이민알선 방법에 관한 건	경북도지사	내무국장	이주자명단
36	1	391030	남양농업이민알선에 관한 건	내무국장	남양청 내무부장	변경이주자명단
37	15	391106	남양농업이민수송의 건	내무국장	호난산업(주)	전보
38	39	400214	남양농업이민에 관한 건	부산도항보호 사무소주임	내무국사회 과장	
39	38	400220	남양농업이민에 관한 건	경북도지사	내무국장	문서[부도보발(釜渡保發)제26호(남양농 업이민에 관한 건)]
40	40	400223	이민가족사망의 건	도쿄사무소 노무과	내무국 사회과장	

28
—
설탕왕, 마쓰에 하루지

일제시기 남양에서 마쓰에 하루지松江春次는 '슈가킹설탕왕'으로 불렸다. 마쓰에 하루지는 일본 정부와 해군이 세운 난요흥발(주)의 초대 최고경영자로 시작해 남양군도 제당업의 상징이 된 인물이었다. 지금도 마쓰에 하루지는 사이판 슈가킹 공원의 동상으로 자리하고 있다. 1934년에 설립된 동상이었다. 그는 어떻게 설탕왕이라는 칭호를 얻게 되었을까.

1876년 후쿠시마福島현에서 태어난 마쓰에 하루지는 1899년 도쿄공업학교현재 도쿄공업대학를 졸업하고 대일본제당현재 대일본 메이지 제당에 입사해 제당업과 인연을 맺었다. 1903년 농상무성이 주관하는 해외실업연습생시험에 합격해 미국 루이지아나주립대학에 유학해서 석사과정을 취득한 후, 미국 각지의 제당회사를 돌며 제당기술을 배웠다. 1907년 귀국해 대일본제당 오사카공장장이 되었는데, 이 때 일본 최초로 각설탕 제조에 성공했다. 이 때 대일본제당이 혼란을 겪자 타이완의 제당업에 관심을 가지고 회사를 퇴사한 후 타이완에 가서 두육斗六제당과 신고新高제당 경영에도 참여했지만 회사가 다른 회사에 합병되는 과정에서 퇴사했다.

마쓰에는 1921년 남양군도와 인연을 맺었다. 그 해 마쓰에는 사이판과 티니안섬의 실지조사에 참여해 제당업 발전에 확신을 갖고, 본국으로 돌아와 남양군도에서 제당업 개발 전망을 사회적으로 확산시켰다. 1921년 11월 29일 일본 정부와 동양척식(주)이 난요흥발(주)을 창업할 때 최고경영책임자전무취체역로 일을 시작했다. 창업 3년 만에 경영이 정상화에 오르자 티니안에 제당공장을 건설하면서 사장으로 취임했다. 그 후 제당업 외에도 다양한 사업을 펼쳐 난요흥발(주)이 남양군도 최대 기업으로 자리 잡는 데 기여했다. 마쓰에가 설탕왕이라는 칭호를 얻은 것도 이 시기였다. 마쓰에 동상은 1934년 8월, 현직 사장으로 드물게 건립되었다. 1934년에 세운 동상은 일제 말기 사이판 전쟁 당시에도 훼손되지 않고 지금까지 남아 있다.

1940년 건강상 이유로 사장을 사임하고 회장에 취임했고, 1943년에는 상담역으로 회사 경영에서 물러났다. 회사 경영에서는 물러났으나 일본이 패전할 때까지 해군성 고문으로 남양군도에서 일정하게 영향력을 행사했다. 마쓰에는 1954년 뇌일혈로 사망했는데, 신기하게도 난요흥발(주)의 창립일11월 29일이었다.

사이판 슈가킹 공원에 있는 마쓰에 하루지 동상
[국무총리 소속 일제강점하강제동원피해진상규명위원회, 2007년 6월 28일 촬영]

29

경남 합천과 창녕에서
떠나는 농민 20호

1939년 7월 22일자 조선일보는 경남 합천과 창녕에서 남양군도로 출발하게 된 조선 농민 20호를 '경남 최초의 농업이민'이라고 의미를 부여했다. 기사 내용만을 보면, 남양군도 가는 길은 경남의 빈농들에게 내린 큰 행운이었다. 그렇다면 정말 그럴까.

의문점이 몇 가지 있다.

■ 신문기사에서 '경남 최초의 농업이민'이라고 표현한 조선인, 이들은 강제동원과 무관한가?

그렇지 않다. 이들은 당국남양청과 조선총독부의 정책에 의해 전쟁수행에 필요한 물자를 생산했다. 이들이 재배한 사탕수수와 카사바, 각종 야채는 군부대에서 사용했고 일본 본토로 가서 무수알콜 등 군수물자로 전환하는 원료가 되었다. 중간에 고향으로 돌아올 수 없었고, 자유로운 생활을 할 수 없었다. 그러므로 한국정부위원회에서는 이들을 강제동원 피해자로 규정했다.

■ 전대금도 받았는데 무슨 강제?

전대금은 농민들을 묶어두는 빚이다. 정상적인 노동자와 자본가 간에 맺은 계약에 의한 임금과 다르다. 농민들은 전대금을 갚아야했기 때문에 마음대로 남양군도를 벗어날 수 없었다.

■ 전대금 650원이 사실일까

신문에서는 '1호당 전도금이 650원'이라 보도했다. 이 내용은 1호당이라고 보기 어렵다. 남양청이 작성한 문서에는 1인당 전대금이 20원이라고 적혀 있기 때문이다.

■ 모두 몇 명이 고향을 떠났을까?

조선총독부가 남긴 자료문서철 3종에 의하면, 고향을 떠난 이들은 창녕 11호 33명과 합천 11호 35명이었다. 남양군도 현지에서 이들을 인계한 기업은 난요흥발(주)이었다.

■ 고향을 떠나는 조선인들, 대가뭄한발과 관련성은 없었을까

신문기사에서는 찾을 수 없다. 그러나 조선총독부가 남긴 문서철 곳곳에서 한발과 관련성을 언급하고 있다.

'남양농업이민관계철' 1939년 7월 13일자 문서인 '남양농업이민알선방법에 관한 건'에서 내무국장은 경북도지사에게 '경남북 지방의 한발 지역민을 대상으로 선정'할 것을 요청했다.

'남양행농업이민관계철' 1939년 9월 11일자 문서인 '남양이민알선 방법에 관한 건'에서도 내무국장은 전북과 경북 도지사에게 이번 총독부 알선이 '한발 이재민 구제' 목적임을 명확히 했다.

조선의 한발은 1919년, 1924년, 1929년, 1929년, 1932년, 1935년, 1936년, 1938년, 1939년에 걸쳐 한반도 전역을 쑥대밭으로 만들었다. 계속되는 한발의 피해를 마무리할 새도 없이 한발 피해를 입는 상황이었다. 특히 1939년의 한발은 경기 이남지역의 농토를 모조리 헤집어놓았다. 이 한발로 인해 전북은 114,984정보가, 경북은 142,760정보가 농토의 기능을 상실했다. 경북지역만을 대상으로 본다면, 피해농가는 259,740호였고, 그 가운데 구조가 시급한 농가는 175,897호였다. 이들 농가는 총 미작농가호수322,212호의 80%에 달할 정도였다. 참담한 피해라고 하지 않을 수 없다. 고향에서 농민들에게 할 수 있는 것은 아무 것도 없었다. 그저 굶어 죽는 수 밖에 없었다. 조선총독부가 이들을 내보낸 이유였다.

멀리 만주벌판에 까지 살길을 찾아 떠나간 경남의 빈농이 허다한 숫자에 달하고 있거니와 이번에는 멀리 상하의 나라 남양(南洋)으로 경남 최초의 농업이민이 떠나게 되었다.

남양청의 위촉으로 남양 페라오군도[*팔라우] 고로루섬[*코로르]에 남양개척의 전사 이십호를 경남도에서 보내기로 되어, 도에서는 그간 그 이주 농가를 선정 중이던 바, 합천(陜川)에서 10호, 창녕(昌寧)에서 10호를 선정하였으므로 머지않아 출발하기로 되었다.

그들은 1호당 4정보의 토지를 무상으로 경작하며 10년 후에는 자작농이 되게 할 방침이라는데, 준비금으로써 1호당 650원을 남양청으로부터 전도금(前渡金)으로 받게 되었다.

30
—
호난산업(주)이 동원하려는 농민 50호

1939년 7월, 남양청은 조선총독부에 호난산업(주) 소속 농장에 동원할 조선인 알선을 부탁했다. 남양청이 의뢰한 내용은 남양농업이민관계철에 실려 있는 문서 내용과 일치한다.

이에 대해 조선총독부 기관지였던 매일신보는 '조선농민의 수완 역량이 세계적으로 비약할 시기'를 맞았다며 대대적인 홍보에 나섰다. '관유지 개간'하다가 '10년 후 자작농'이 된다는 달콤한 내용이었다. 기사에서 '남양개척의 전사'로 표현한 주인공들은 8월 말에 고향을 떠났다.

■ 조선을 떠난 이들은 10년 후 자작농이 되었을까

조선인들은 자작농이 되지 못했다. 1939년에 고향을 떠난 이들은 10년이 되기 전인 1946년에 고향으로 돌아왔다. 1944년에 전쟁이 끝나고 남양군도의 대부분은 미국의 통치령이 되었기 때문이다.

자료 원문 우리의 보배 농군이, 남양개척의 전사로, 우선 50호가 '파라오'군도에
[우리의 보배 農軍이, 南洋開拓의 戰士로, 于先 五十戶가 '파라오' 群島에 : 매일신보 1939년 7월 30일]

이번 남양청(南洋廳)에서는 남양군도(南洋群島)를 개발하고자 우선 그 관유지를 개간하기로 했는데, 여기에는 누구보다도 '조선농민'이 ****[해독 불가], 이들을 조치할 방침을 세우고 총독부로 알선을 부탁해왔다.

이에 대해 총독부에서는 조선농민의 수완 역량이 세계적으로 비약할 시기라는 점에서 내락[*內諾]하고 대

체로 8월 하순부터 9월초까지 문사(門司)를 출발하는 배로 이들을 출발케 할 터이라 한다.

이번에 나갈 농업이민은 경상남도에서 20호, 경상북도에서 30호, 도합 50호로 '파라오'군도로 보낼 터이며, 이민은 이곳에 있는 풍남산업주식회사(豊南産業株式會社) 경작의 '카사바' 농작물 재배의 소작 재배인으로 활약케 하며, 10년 후에는 완전한 자작농을 만들고야 만다. 경작면적은 한 호에 4정보이며 무상경작(無償耕作)으로 하되, 이민자격은 가족반의 20세로부터 40세까지의 장정을 요구한다는 것이다.

31
—
계속되는 남양청의 요청, 경북과 전북에서 총 200호를 보내라!

경북지역민들이 호난산업(주) 소속 농장으로 떠난 후 남양청의 요청은 더욱 커졌다. 호난산업(주)에 이어 난요흥발(주)도 조선농민을 데려가기 위해 조선총독부에 도움을 요청했다.

앞에서 소개한 남양행농업이민관계철에 마쓰에 하루지 난요흥발(주) 사장이 조선 총독 미나미 지로南次郎에게 보낸 편지가 있다. 당시 난요흥발(주)은 심각한 인력부족에 시달리고 있었다. 회사 소속 농장과 제당소에서 일하던 일본인들이 군대에 입대하거나 군수산업으로 차출되고 있었기 때문이다. 1937년 중일전쟁을 일으킨 후 승승장구하던 일본은 1939년에 중국 전선이 교착상태에 빠지면서 인력 부족현상을 겪고 있었다. 군인도 필요했고, 군인들에게 조달할 군수물자도 시급했다. 당국이 난요흥발(주) 소속 일본인 노동자 2천명을 해군 공사장으로 동원하면서 로타제당소가 가동을 중지한지 4개월이나 되었다. 다급해진 남양청은 조선총독부에 SOS를 쳤다. 아래 신문기사 내용이다.

1939년 9월 16일, 조선일보와 매일신보에 실린 기사는 남양청의 요청으로 한해지역 이재민을 난요흥발(주) 소속 농장에 보내려한다는 내용이다. 두 기사에서 공통적으로 이번 남양청 요청에 의한 노동자 송출을 '제2진'이라고 표현했다. 또한 농장으로 가는 농민들을 '노동자'로 언급했다. 물론 '개척이민'이라는 용어도 있으나 기사 제목에서 '노동자'를 강조했다.

특히 기사에서는 남양청의 요청에 대해 조선총독부가 '남조선 한해지의 이재민 구휼 정책'의 하나로 수락했다는 점을 강조했다. 가뭄피해를 입은 한해지역 이재민들을 정책적으로 동원했다는 조선총독부 공문서 내용과 일치하는 내용이다. 당시는 신문에는 한해지역 이재민들에 대한 구제 정책이 지속적으로 실리던 시기였다. 한해 이재민 구제정책이 조선총독부의 조선 통치에서 중요하다는 점을 강조한 기사는 매일 신문기사를 장식했다.

남양흥업주식회사? 조선일보의 보도는 난요흥발, 즉 남양흥발(주)을 잘못 표기한 것으로 보인다.

■ **제1회 수송(충남, 전남, 경상남북도 500여명)이 500여명?**

조선총독부가 공식적으로 관여한 제1회 수송은 토건노동자였다. 토건노동자 외에 난요흥발(주)측에서 임영래를 파견해 실시한 농업노동자 모집이 있었다. 기사에서 언급한 제1회 수송은 토건노동자와 농업노동자 모두를 지칭하는 것으로 추정된다. 그러나 난요흥발(주)측의 모집인원은 정확히 알려지지 않았다. 24번 자료에 소개한 208명(1월 24일 출발)이 알려져 있다. 그러므로 500여명이라는 숫자는 정확하지 않다.

■ **제1회 수송은 5월? 6월?**

조선총독부는 토건노동자 250명에 대한 수송을 1939년 2월과 3월에 완료했다. 그러므로 5월 또는 6월이라는 기사내용은 난요흥발(주) 농장으로 떠난 농업노동자를 의미하는 것이 아닐까 추정해본다.

자료 원문 남양은 부른다! 한해지 경북 전북에, 개척민 200호를 주문
[南洋은 부른다! 旱害地 慶北 全北에, 開拓民 200戸를 註文 : 매일신보 1939년 9월 16일]

반도인의 남방진출에 좋은 기회가 왔다! 남양청(南洋廳)에서는 반도인 노동자 제1회 수송을 지난 6월 '파라오'섬에서 실시했는데, 그 후 좋은 성적을 얻게 되어 이번에는 또 다시 남양청의 주선으로 남양흥발회사(南洋興發社)로부터 반도농민 200호를 감자재배 개척이민으로 맞이하겠다는 신청이 와서 총독부에서는 남조선한해지방이재민구제에 알선하고자 쾌히 승

낙하고 경북(慶北) 전북(全北)으로부터 각 100호씩을 뽑아 9월 하순부터 11월 하순까지 수송하기로 되었다. 그런데 이 이민자격은 주로 노동자로서 18세 이상 40세까지 의지가 굳고 노동력이 있는 현재 농민으로서 가족을 같이 데리고 오는 것을 조건으로 한다고 한다.

자료 원문 일 잘하는 조선노동자! 남양청에서 또 200호 알선해달라고 의뢰
[일잘하는 朝鮮勞働者! 南洋廳에서 또 二百戶 斡旋해달라고 依賴 : 조선일보 1939년 9월 16일]

지난 5월에 충남, 전남, 경상남북도로부터 오백여명의 노동자를 남양방면으로 알선해 대단히 좋은 성적을 보기고 있는데, 이번에 또 다시 남양청(南洋廳)으로부터 조선농민의 알선 희망이 있었으므로 총독부에서는 남조선 한해지의 이재민 구휼에 적절한 방법이라 하여 이것을 승낙하고 아래와 같은 요항으로 남양개척민 제2진을 보내기로 되었는데, 그 요항은 아래와 같다.

1. 업무는 남양흥업주식회사에서 경영하는 감자재배에 종사하게 된다.

2. 선발호수는 경북, 전북의 각각 백호씩으로 전부 200호요

3. 이민 자격은

　　(가)주 노동자는 18세 내지 40세

　　(나) 현재 농업에 종사하고 있는 자일 것

　　(다)가족은 동반할 것

4. 수송기일

　　경북 9월 하순에 10호, 10월 상순에 50호, 10월 하순에 40호

　　전북 11월 상순에 50호, 11월 하순에 50호

5. 여비는 출발지로부터 목적지까지 회사에서 부담한다.

6. 준비료는 희망자에게만 남자 15원, 여자는 그 반액이다.

32

남양청의 중심, 팔라우에 있던 남양청사의 당시 모습

1914년 10월, 제1차 세계대전에 참전해 중서부 태평양지역의 독일령을 점령한 후 일본은 '임시남양군도 방위대조령臨時南洋群島 防備隊條令'을 발표하고 사령부를 동캐롤라인 제도 추크(Chuuk, 일본 발음으로는 트럭)에 두고 군정을 실시했다. 전체 점령 지역을 사이판Saipan, 팔라우Palau, 트럭Truk, 포나페Ponape, 잘 루잇Jaluit(얄루트) 등 5개 민정구로 나뉘고, 1915년 4월에는 얍Yap민정구를 추가로 설치했다. 각 민정구마다 수비대를 배치했다.

1918년 6월, 칙령勅令에 의해 '민정직원民政職員 설치에 관한 건'이 공포되자 '임시남양군도방비조령'을 개정해 동년 7월 1일 방비에 민정부를 설치하고 일반 시정사무를 민정부가 총괄하도록 했다. 이에 따라 6개 민정구에 설치되었던 군정청을 민정서로 개칭했다.

1920년 12월 17일 국제연맹 이사회에서 남양군도에 대해 일본을 수임국受任國으로 하는 C식 위임통치조항이 결정되었다. 장기 통치가 가능해진 것이다. 이에 따라 일본은 남양청 설치 준비에 나섰다. 1922년 4월 1일 문을 연 남양청은 청사를 팔라우에 두고, 여섯 군데에 지청을 두었다. 당시 지청을 설치한 지역은 민정구가 있던 지역과 일치했다.

■ 팔라우

정식 명칭은 팔라우공화국Republic of Palau며, 남태평양상의 도서국가. 343개의 섬으로 구성되어 있으나, 그 가운데 주민이 거주하는 섬은 9개 섬이다. 면적은 459㎢, 인구는 2만 1265명

(2015년 현재), 수도는 멜레케오크Melekeok다.

종족구성은 팔라우인 69.9%, 필리핀인 15.3%, 중국인 4.9% 기타 아시아인 2.4%, 백인 1.9% 등이다. 언어는 영어와 미크로네시아어를 사용하며, 일부에서 일본어도 통용된다. 종교는 70% 이상이 기독교이지만 토착종교도 있다.

이 지역이 최초로 유럽에 소개된 것은 16세기 스페인인들에 의해서이며, 1886년에 교황 레오 Leo 13세가 공식적으로 스페인령임을 확인하였다. 1899년 미국-스페인전쟁에서 스페인이 패배함으로써 독일에 매각되었다가 제1차 세계대전 중 일본이 점령하면서 남양청 소재지가 되었다. 그 뒤 1947년 유엔의 위임으로 미국의 신탁통치령이 되었다. 1980년 7월 반핵 자주 헌법을 제정하고 국민투표로 일체의 핵실험과 핵저장을 금지하는 철저한 비핵 헌법을 채택했다.

南洋廳支關
팔라우에 있는 남양청 청사 모습
[남양청, 『남양청 시정 10년 기념 남양군도 사진첩』, 1932, 25쪽]

1982년 국방과 안전보장권을 미국에 이양하고 경제원조를 획득하는 것을 골자로 한 자유연합 협정the Compact of Free Association을 체결했다. 그러나 1983년부터 1990년까지 7차례에 걸쳐 실시된 주민투표에서 계속 부결되어 세계 최후의 신탁통치령으로 존속했다. 이후 1993년 11월 주민투표에서 자유연합협정이 68%의 지지로 승인되어 1994년 10월 1일 미국으로부터 독립국의 지위를 획득하고, 1994년에 유엔에 가입했다. 이로써 팔라우는 신탁통치를 받는 4개의 태평양 내 제도 가운데 1986년 북마리아나 제도, 1987년 미크로네시아 연방, 마셜 제도에 이어 마지막으로 미국과 자유연합을 이루었다. 정치 체제는 대통령 중심제 공화제이며, 의회는 양원제인데, 정당은 없다.

33
—
조선의 학생들에게도
일본 땅 남양군도를 알린다

조선일보 1940년 2월 4일자 부록은 소년조선일보이다. 소년조선일보의 제1면 전체를 장식한 기사는 조선일보 교정관 이일준李一濬의 '지상견학 – 일본 위임통치의 남양군도 이야기'이다. 총 4면의 소년조선일보 가운데 1면이 모두 남양군도 견학문이다. 크게 '항로', '사이판 섬의 토민', '토민의 풍속, 습관' '얍섬' 등 4개 항목의 기사에 5장의 사진을 실었다. 남양청의 통치 방향이나 교육정책도 소개하고 있지만 주로 조선과 이질적인 기후와 풍속이 지면의 대부분을 차지하고 있다.

■ 이일준

이일준은 누구일까. 단편적인 자료만 확인할 수 있을 뿐이다

1934년 11월 30일 동아일보 기사에서 그의 이름을 찾을 수 있다. '남양도산품南洋島産品을 보전普專에 기증寄贈, 여름휴가 중에 수집한 백여점을, 명치대생 이일준군明大學生 李一濬君'이라는 제목의 기사에서 알 수 있는 것은 당시 메이지明治 대학에 재학 중이라는 점과 여름 방학을 이용해 수집한 남양군도 특산물 74품종 125점을 보성전문학교현 고려대학교에 기증했다는 내용이다. 보도에서 수집품에 대해서는 목록을 상세히 소개했으나 수집 경로에 대한 내용은 없다.

이일준의 이름이 나오는 자료는 1940년 10월 15일 경기도 경찰부장이 경성지방법원에 보낸 문서다. 극비문서로 분류된 문서 제목은 '폐간廢刊 양언해문지兩諺文紙, 조선일보와 동아일보를 의미의

사원퇴직금 지급상황에 관한 건'이다. 신문 폐간에 즈음한 회사와 간부들의 분위기를 보고한 문서다.

■ 오가사와라 제도

일본의 도쿄 23구에서 남쪽으로 약 1,000킬로미터 떨어진 군도이다. 행정구역상으로는 도쿄도에 속해 있다. 지치지마 섬과 최남단의 무인도인 이오 섬 등으로 이루어져 있다. 일본의 일부이지만 지리학적으로는 오세아니아에 속한다. 약 30여 개의 크고 작은 화산섬으로 이루어졌다. 영어권에서는 보닌 제도Bonin Islands라고 부른다. 2011년 유네스코 세계자연유산이 되었다. 1886년부터 2년간 일본정부가 김옥균을 유배한 지역이기도 하다.

오가사와라 제도는 지치지마父島·아니지마兄島 등을 포함한 지치지마 열도비치 열도, 무코지마섬塀島 등을 포함한 무코지마 열도패리 열도, 하하지마母島 등을 포함한 하하지마 열도베일리 열도 등 3개의 열도로 구성되어 있으며, 가장 높은 지점은 450m로 하하지마에 있다.

오가사와라 제도는 1543년 스페인의 항해가 로페스 데 비얄로보스가 발견했는데, 태평양에서 동아시아로 가는 길목에 있는 전략적 요충지로서 1823년 미국이, 1825년 영국이 소유권을 주장하기도 했으나 1876년 공식적으로 일본이 병합했다. 제2차 세계대전 전에는 도쿄도東京都에 속했으나 전후 미군 관할에 있다가 1968년 일본에 반환되었다. 지금은 미나미토리 섬南鳥島: 마커스 섬 및 가잔火山열도와 함께 단일 행정구역에 있다. 가장 큰 섬은 면적 25㎢의 지치지마섬으로 후타미 항二見港, 포트로이드 항이 유명하다. 전체 면적 70㎢ 가운데 11%만이 경작지이고 나머지는 구릉과 숲이다.

자료 원문 지상견학 – 일본위임통치의 남양군도 이야기
[紙上見學 – 日本委任統治의 南洋群島 이야기 : 소년조선일보 1940년 2월 4일]

오늘은 언제나 여름인 남양(南洋)에서도 우리 일본이 통치하는 '팔라우', '얍'섬과 같은 섬 이야기를, 이런 섬에 가서 자세히 구경하고 오신 이일준 (李一濬) 선생님께서 해주기로 했습니다.

〈항로(航路)〉

여름에 더우면 얼음물을 먹는 것 같이 요즘 날씨가 추우니 더운 이야기를 한 가지 하여 드리겠습니다. 온대지방(溫帶地方)에 사는 우리는 더위라 해도 여름 한철 뿐이지만 춘하추동의 구별이 없는 더운 열대지방

(熱帶地方)에 사는 사람은 도리어 한번 추워보았으면 합니다. 지금 이야기해 드리려는 곳은 우리 위임통치지(委任統治地) 남양(南洋)입니다. 횡빈[*요코하마]에서 이 지방 어구 '사이판'까지 가는데 매시간 11 '노트'의 속력으로 가는 배로만 나흘 반 걸립니다. 횡빈(橫浜)에서 남쪽으로 남쪽으로만 갑니다. 이틀 만에 소립원(小笠原)[*오가사와라제도] 제도의 부도(父島)[*지치지마섬] 모도(母島)[*하하지마]를 지나게 되면서부터는 햇볕이 강해지며 바닷물이 점점 '코발트'색으로 됩니다. 먼데서 고래가 물을   고 있는 것도 가끔 보입니다. 이런 것으로 열대지방이 가까웠다는 것을 알 수 있습니다. 어떤 쪽을 보더라도 망망한 물과 둥그런 수평선만이 보이며 남쪽으로 갈수록 바닷물이 맑고 깨끗하며 바다 빛까지 들여다보일 듯 또 뜨겁던 해가 질 때의 장엄(莊嚴)한 광경, 그 구름, 수평선속에서 우리 조선서 보는 달보다 삼 사 배나 밝고 큰 듯싶은 달이 돋을 때의 경치는 참으로 자연의 무궁무한하고 위대한데 머리가 수그려집니다. 또 하늘에도 조선서 보이지 않는 별도 많아 선원(船員)들에게 이별에 대한 이야기를 듣는 것도 항해(航海) 중의 한 재미입니다.

나흘 만에 고대하던 남양의 땅 '사이판'이 배 앞으로 수평선 속에서 차츰차츰 보이기 시작합니다.

여러 날 육지를 보지 못한 승객들은 갑판(甲板)에 나와 섬이 보인다고 야단입니다.

배가 바다 한복판에 서면 퐁퐁선이 와서 승객을 태워 가는데 배에서 야자수(椰子樹)가 쭉 들어서고 배가 왔다고 모여들어 왔다 갔다 하는 발가숭이 토인들이 보이는 것만 해도 별천지(別天地)입니다.

〈사이판섬(島)의 토민(土民)〉

이 '사이판'은 내지에서 제일 가까운 만큼 전등도 있고 훌륭한 곳입니다. 내지인도 많이 살지만 조선 사람도 200명이나 있어서 여러 방면으로 활동하고 있습니다.

'사이판'만이 아니라 '데니안' '얍' '팔라오' '앙가우르' 등 섬마다 조선 사람이 있으며 나를 반갑게 맞아주고 여러 가지로 친절히 고맙게 해주었습니다.

'사이판'을 떠나 또 남쪽으로 미국령(美國領) '괌'섬(島)을 지척에 바라보며 서남(西南)으로 방향을 고쳐 하루를 가면 우리가 제일 궁금히 여기는 '얍'섬에 도착합니다. 이 '얍'섬은 참말 원시시대(原始時代) 그대로입니다. 상륙하면 빽빽하게 들어선 야자수가 있습니다. 여기 토인들은 곱슬머리에 입술이 두꺼우며 이가 새빨갛고 살결은 흑갈색이고 남녀를 물론하고 발가숭이어서 겨우 앞만 가리고 다닙니다.

보이기는 이래도 성질이 온순하고 춤과 노래를 좋아하는데 그 소리는 우리 조선에서 지경 닦는 소리 비슷합니다. 아이들은 '하모니카'도 잘 불지만 그들 고유한 악기(樂器)는 아직 없습니다. 또 토인의 춤이란 유명한데 이상하고도 우습습니다. 그런데 밤중이라도 우리를 보면 친절히 인사를 해줍니다.

더위는 언제든지 조선에서 8월 초순 같이 쨍쨍 내려 쪼입니다. 그러니 옷을 1년 중 언제든지 입지 않아도 좋을 것입니다.

여러분이 작년 여름을 지내보셨지요. 덥고 비가 아니 오면 참 괴롭습니다. 그런데 열대지방에는 매일 몇 번씩 천둥번개를 하며 별안간에 소나기가 쏟아집니다. 한 30분 지나면 하늘에 구름 한 점 없이 개이며 온 세상이 시원하고 명랑해집니다. 이 소나기가 없으면 이 땅에 사는 사람은 물론 생물은 하나도 살지 못할 것입니다.

〈토민(土民)의 풍속(風俗) 관습(慣習)〉

토인들은 여러분도 잘 아시지만 야자열매를 비롯해 '빵' 열매 '다로'라는 감자로 밥처럼 먹고(생으로 또는 바닷물을 넣어서 삶아가지고) 바다에 고기를 잡아먹는데, 막으로도 잡지만 나무로 만든 창으로 고기를 겨냥해서 던지면 고기가 창에 꾀어져서 뜹니다. 그리고 여기 고기들은 모두 비늘 빛이 알록달록 하여 참 오색이 영롱합니다. 이상과 같이 토인들은 농사를 짓지 않아도 먹을 것이 얼마든지 있습니다. 그래서 일하기를 싫어하고 게으르니까 아직껏 야만으로 있습니다. 그래서 남양청(南洋廳)에서는 그들을 부지런하게 하느라고 여러 가지로 노력을 하고 있습니다. 토인의 집은 좀 나은 것도 있으나 모두 조그마한 움막 같은 것이며 모두 발가숭이니 우리 눈에는 다 같은데, 토인들은 이들의 임금 노릇하는 추장(酋長)으로부터 노예(奴隷)까지 네 층의 계급이 있어 그 구별이 엄격하고 남녀의 구별이 심해 남자의 땅에는 그 허락 없이는 여자가 암만 밤중이고 아무도 없어도 건너가지 못하고 돌아갑니다. 그리고 토인들은 숫자가 좀 많으면 모르고, 사고파는 것은 모두 물물교환(物物交換)으로 물건과 물건을 바꾸며 우리가 쓰는 돈을 쓸 줄 모릅니다. 그래서 품삯 같은 것을 돈으로는 50전을 달라면서 담배로는 10전짜리 한 갑만 주면 고맙다고 합니다. 그리고 아직도 돌을 깎아서 만든 석화(石貨)(큰 것은 직경이 7~8척, 적어도 1척 5촌)를 길가에다 늘어놓은 채 말로만 주었다 받았다 하고 물건을 사고파는데 돈으로 씁니다. 이 외에 큰 조개껍질로 빛이 좋은 것을 줄에 꾀여서 돈으로도 쓰고 또는 허리에 주렁주렁 매다는 장신구(裝身具)로도 씁니다. 수를 잘 모르니까 우리가 몇 만 년 전에 썼다는 결승법(結繩法) 즉 다섯이면 끈을 다섯 번 매듭을 지어두는 치부를 하고 있습니다. 토인들이 쓰는 말은 아주 간단한 것인데 섬마다 다릅니다. 그러나 모두 국어[*일본어]를 잘하니까 서로 이야기하는 데는 불편이 없으며, 토인 중에는 영어 또는 독일어를 하는 사람도 간혹 있습니다. 그리고 토인들 학교를 공학교(公學校)라고 하며, 국어, 산술, 국사[*일본사]와 수공을 가르키는데, 책, 연필, 공책 할 것 없이 모두 학교에서 줍니다. 생도들은 모두 잠뱅이만 입은 발가숭이고 그 중에 멋쟁이라야 마라손 샤츠 하나 더 입은 것입니다. 물론 맨발이지요.

〈얍섬(島)〉

'얍'섬을 떠나 서남으로 하루를 가면 도청(島廳) 소재지(所在地)인 '팔라오'에 닿는데, 여기는 사이판과 같이 훌륭한 도회지이며 '얍'섬에 비하면 그리 이상한 것이 적습니다.

'팔라오'에서 기선으로 서너시간 서남으로 가면 '앙가우르'라는 섬에 닿습니다. 내가 간 중에는 제일 남쪽인데 필리핀군도의 '마닐라'보다도 좀 남쪽이며 여기서 약 450해리(海里)만 남으로 가면 적도(赤道)에 달할 수 있습니다. 그런데 '앙가우르'섬은 인광(燐鑛)으로 유명한 곳인데, 1년에 600만톤이 나와서 내지로 갔다가 비료(肥料) 기타 여러 가지로 씁니다. 파는데 가보면, 마치 나무가 썩은 흙 같은 땅을 파서 '도로코'[*밑차]에 실어다가 바닷가에 와서 기다리는 기선에 실습니다.

❶ 이야기해주신 이일준선생(우(右))과 추장(酋長)(좌(左)),
❷ 유명한 야자수, ❸ 토인의 학교, ❹ 성장(盛裝)한 토인 여자, ❺ 돌로 만든 석화(石貨)

34

남양청 서부지청 교통부 토목과가 동원한 조선인 노무자

1941년 12월, 일본이 미국 하와이의 진주만을 공격해 태평양전쟁으로 확전한 후 남양군도에는 더 많은 조선인 노동력이 필요했다. 1939년부터 1942년까지 남양군도로 간 조선인들은 주로 집단농장에서 일을 했다. 그러나 일본이 미국과 전쟁을 시작한 후에는 군 관련 공사장에서 일을 한 조선인이 늘어났다. 이들이 어떤 과정을 통해 고향을 떠났고 전쟁 상황에서 어떤 어려움을 겪었는지 실태의 일부를 알려주는 자료가 있다. 1943~1944년간 남양청 서부지청이 작성한 조선인노무자관계철이다. 1943년부터일부 1942년에 동원된 조선인 포함 조선의 경상남북도와 전남 지역 조선인 427명이 남양청 소속 직영 공사장에서 일했던 사실을 보여주고 있다.

■ 남양청 서부지청

조선인을 동원한 주체로 명부에 나오는 남양청 서부지청은 1943년 남양청 행정 간소화 조치에 따라 설치되었다. 팔라우 지청과 얍 지청을 통합한 기관인데, 지청 사무소는 팔라우섬 소속 코로르 섬에 두었다.

■ 남양청 서부지청 토목과?

자료에는 남양청 서부지청 토목과라는 부서가 나온다. 그러나 조선인이 동원될 당시1943년과

1944년 초 행정체계를 확인하면 서부지청 산하에 토목과라는 부서는 없었다. 그렇다면 토목과는 어디 소속이었을까. 남양청 교통부 소속 부서였다. 당시 남양청 교통부에는 교통과, 체신과, 토목과 등 3개 부서가 있었다.

조선인노무자관계철을 분석한 연구자김명환은 급박한 전쟁 상황에서 탄력적으로 운영한 것으로 추정했다. 즉 조선인 노무자를 동원하고 관리한 부서는 남양청 교통부 토목과인데, 어느 시점부터 서부지청 토목과가 교통부 토목과의 역할을 대신했다는 것이다.

자료 내용 조선인노무자관계철, 서부지청 토목과(朝鮮人勞務者關係綴, 西部支廳 土木課)

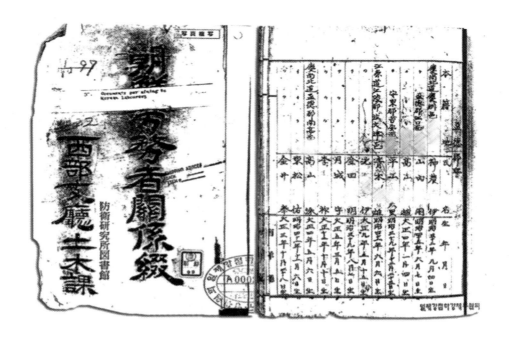

조선인노무자관계철은 1943~1944년간 남양청 서부지청 토목과가 작성한 자료다. 모두 한자와 일본어로 기재되어 있다. 표지를 포함해 총 90쪽 분량이다. 일본 방위성 방위연구소에 보관되어 있었는데, 한국의 위원회가 일본 연구자(쓰카사키 마사유키)를 통해 수집했다. 이 자료는 총 18건의 명부와 서류, 도면으로 구성되어 있다.

표지에 한자로 '조선인노무자관계철, 서부지청 토목과(朝鮮人勞務者關係綴, 西部支廳 土木課)'라 기재되어 있다.

남양청 서부지청 토목과가 작성했음을 알 수 있다. 그리고 Documents pertaining to Korean labourer이라고 적혀 있다. 아마 전쟁이 끝난 후 문서를 수습한 미군 측에서 기재한 글자일 것이다.

노무자 명부는 모두 네 종류다. '소화19년도[*1944년] 모집 조선인 노무자 명부' '조선인노무자명부' '소화19년 5월 27일 상륙 노무자 명부' '본부[*남양청을 의미] 알선 남양행조선인노무자명부'라는 제목이 모두 한자로 적혀 있다. 네 번째 명부인 '본부 알선 남양행조선인노무자명부'는 조선의 출신지역을 군별로 분류했다. 네 종류의 명부에는 총 761명의 조선인 이름을 찾을 수 있다.

명부 외에도 '조선인노무자 및 물품인도서(1943년 5월 20일자)' '청구서(1944년)' '알선내지이입조선인노무자인계서(1944년 4월 20일)' '알선내지이입조선인노무자인계서(1944년 4월 21일)' '반도노무자배치조' '각 군별 노무자 현황표' 등이 있다.

명부를 통해 경남 김해·남해·하동군, 경북 청도·상주·영일·영덕·군위군, 전남 광양·순천·보성·고흥·구례군에서 남양군도로 간 조선인이라는 사실을 알 수 있다. 총 427명이 고향을 떠났고, 이 가운데 76명이 사망했다.

이 자료는 1943년과 1944년부터 동원된 조선인 동원 관련 내용이다. 내용 중에 '소화 17년도'[*1942년]가 있는 것으로 볼 때 1942년에 동원된 조선인도 포함된 것으로 보인다.

명부와 각종 서류의 내용을 통해 조선인들이 어떤 과정을 통해 남양군도로 가게 되었는지 알 수 있다. 조선인을 동원한 근거는 남양청이 난요흥발(주)과 체결한 조선인노무자 모집에 관한 청부계약이었다. 계약을 맺은 난요흥발(주)은 조선인들을 배에 태워 팔라우로 수송해서 남양청에 인도했다. 수송에 들어간 비용은 남양청이 지급했다.

남양청 당국은 조선인들을 주로 해군과 육군, 그리고 남양청 토목과와 경무과에 소속했다. 이들의 동원 장소는 남양청 직영 공사장이었다. 이들은 주로 항만에서 도크를 건설하거나 각종 군 관련 공사장에서 일했다. 그러나 이 자료만으로는 말라카에 있는 팔라우항만 소속 도크공사장 외에 구체적인 장소를 알 수 없다.

35
—
티니안과 로타의 제당소

난요흥발(주)은 1920년 설립 직후 사이판이나 티니안의 경작지에서 사업을 펼쳤다. 각지에서 사탕수수농장을 운영하고, 설탕을 가공한 제당업製糖業과 주정업酒精業·전분·수산·제빙 공장을 운영했다.

티니안과 로타에는 대규모 제당소製糖工場를 운영했다. 당시 티니안 지역의 제당소 모습은 1938년 남양협회 남양군도지부가 발간한 사진첩을 통해 알 수 있다. 현재 로타지역의 난요흥발(주) 소속 제당공장의 주요 시설은 모두 파괴되어 흔적을 찾아볼 수 없으며 공장설비 중 가마 부분만 남아 있다.

■ 티니안Tinian

미국 자치령인 북마리아나 제도의 섬으로 괌 북쪽 160km에, 사이판에서 약 8km 떨어진 곳에 위치했다. 한자로 천인안天仁安 혹은 천인앙天仁央이라 표기했으므로 당시 조선 사람들은 덴양이나 데니안, 천안도 등으로 불렀다. 섬 전체가 난요흥발(주) 소속 사탕수수 농장이었다.

티니안 섬은 한때 원주민인 차모로인들이 자급자족을 하며 생활했다. 1668년 6월 16일, 가톨릭 사제로 예수회 선교사 디에고 루이스 데 산비토레스Diego Luis de Sanvitores 등 5명이 괌에 상륙해 기독교 포교를 시작했다. 산비토레스는 마젤란에 의해 라도로네스 제도라도로네스는 스페인어로 '도둑'이라는 뜻라고 이름 붙여진 섬들을 스페인 카를로스 2세의 왕비 마리아 아나의 이름을 따서 마리아나 제도라 명명했다.

스페인의 지배가 확립된 후 1695년에 스페인은 섬 전체 인구를 괌에 강제 이주시켜 티니안은 무인도가 되었다. 19세기 중반부터 스페인에 의해 섬은 소나 돼지가 방목되었다가 나중에 버려진 티니안은 야생화된 동물만 사는 섬으로 변해 버렸다. 스페인-미국 전쟁에서 패배를 당한 스페인은 1899년 티니안을 포함한 북마리아나 제도의 지배권을 450만 달러에 독일에 매각했다. 독일로 넘어간 티니안에 대해 독일의 사이판청은 티니안에서 야생화된 동물을 활용하기 위해, 햄 공장을 건설하지만 결국 실패로 끝났다.

태평양 전쟁 동안 섬 북부에 당시 남양군도에서 가장 큰 공항이었던 하고이 ハゴイ비행장이 있었기 때문에, 일본군의 중요한 기지가 되었다. 주둔한 일본군은 육해군을 합해 약 8,500명에 달했다. 미군은 티니안의 전략적 가치에 주목하였고, 1944년 7월 24일 북부 츄로 해안으로 상륙하여 8월 2일에 이 섬을 점령했다티니안 전투. 그 후 미군은 하고이 비행장을 확장, 정비해 섬의 동부에 웨스트 필드 비행장현 티니안 국제공항을 건설해 본격적으로 일본 본토 공습 기지로 삼았다. 1944년 11월 이후, 연일 일본으로 출격하는 B-29가 이 섬에서 이륙했고, 8월 히로시마와 나가사키에 원폭을 투하한 슈퍼포트리스 폭격기가 발진한 곳이기도 하다.

제2차 세계대전 종식 후 1947년 괌을 제외한 북마리아나 제도는 미국의 신탁통치령이 되었다. 1948년에 사이판과 로타섬, 야프얍섬으로 차모로인과 카로리니안 약 400명이 다시 이주를 했고, 1950년대에 현재 티니안의 중심지인 산호세를 건설했다. 티니안은 1986년 북마리아나 제도의 일원이 되었다.

■ **로타**(Rota, 차모로어: Luta)

미국의 자치령 북마리아나 제도의 섬 중 하나이다. 북쪽으로는 티니안 섬Tinian, 남쪽으로는 괌Guam이 있다. 다른 미크로네시아과 같이 수상 스포츠 및 스쿠버다이빙 등 관광이 주요 산업이다.

로타에 최초로 발을 디딘 유럽인은 1524년 스페인 항해사 후안 세바스티안 엘카노이다. 그는 스페인 제국을 대표해 마리아나 제도 나머지 지역을 병합했다. 로타는 스페인에 이어서 독일의 통치를 받은 후 제1차 세계 대전 중인 1914년에 일본이 적도 이북의 독일령 남양 군도를 점령함으로써 지배권은 일본으로 넘어갔다가 1920년에 국제 연맹에 의해 일본의 위임 통치를 받는 지역이 되었다. 로타는 사이판, 티니안에 비해 섬의 개척이 지연되었고, 1934년 당시 만해도 거주하는 일본인은 불과 1000여명이었다. 그래도 1935년 12월에 제당 공장이 완성되어 설탕의 생산이 시작되었다.

태평양 전쟁 중 로타에서는 지상전은 벌어지지 않았으며, 주변에서 고립된 상태로 있었다. 1944년이 되면서 수비대가 강화되었고, 최종적으로 해군 2000명제 56 경비 파견대, 공병대, 항공대 기지 요원과 육군 950명이 주둔했다.

1945년 9월 2일 스텐트 미 해병대 대령이 이끄는 구축함이 정박했고, 아이오와급 전함인 미주리 함USS Missouri, BB-63에서 열린 일본의 항복 조인식보다 1시간 늦은 오전 11시에 국지적 항복 조인식이 이루어져, 9월 4일 일본 해군 1853명, 일본 육군 947명이 로타를 떠났다. 로타 섬에서 일본군 전사자는 해군 152명, 육군 84명이었다. 전후 국제 연합에 의한 미국의 신탁 통치령이 되었고, 1978년 이후에는 미국의 자치령이 되었다.

티니안 제당소 당시 모습
[남양협회 남양군도지부, 『남양군도 사진첩』, 1938, 152쪽]

로타 송송지구에 있는 난요흥발(주) 제당소의 현재 모습. 가마의 내부와 운반 밀차 사진
[국무총리 소속 일제강점하강제동원피해진상규명위원회, 2007년 6월 27일 촬영]

36
—
티니안의 난요흥발(주)

티니안은 섬 전체가 난요흥발(주)이 운영하는 사탕수수농장이었다. 난요흥발(주)은 일본 정부와 군이 설립한 국책회사이다. 1920년, 일본 해군과 외무성이 남양군도 척식사업 전체에 대해 재검토를 한 후 필요하다고 판단해 1921년 니시무라척식 등 기존 회사들을 흡수해 설립했다. 조선의 동양척식(주)이 자금과 기술력을 제공하고 설탕왕 마츠에 하루지 등을 초빙해 운영했으며, 당시 제당산업을 주도한 회사였다.

사무실 인근 지역에는 제당공장이 위치하고 있었고, 각지의 농장과는 궤도로 연결되어 있었다고 한다. 또한 사무실 인근에는 경찰서와 소방서 등이 있어서 국책기업의 노무자 통제를 적극 지원했다.

티니안 산호세 소재 난요흥발(주) 티니안사무소
[국무총리 소속 일제강점하강제동원피해진상규명위원회, 2007년 6월 25일 촬영]

37
—
난요척식(주) 트럭사업소 하루시마 농장

난요척식(주)은 일본 정부가 척식사업을 추진하고 기업에 자금을 공급하기 위해 만든 국영 기업이다. 칙령 제 228호1936년 7월 27일자에 근거해 미쓰이三井물산과 미쓰비시三菱상사, 동양 척식(주) 등의 자본을 합해 척무성 대신을 최고 책임자로 1936년 11월에 창설했다.

난요흥발과 호난산업 등 총 19개사를 자회사로 거느리고, 직영사업으로 앙가우르·후하이스 섬에서 인광燐鑛을 운영했으며, 팔라우·야프얍·포나페·트럭추크 등지에서 농장을 경영했다.

트럭섬의 웨노Weno 또는 모엔Moen 섬에는 난요척식(주) 트럭사업소가 운영하는 하루시마春島 제 1농장과 제2농장이 있었다. 하루시마는 당시 웨노섬의 일본식 지명이었다. 하루시마 제1농 장은 트럭추크에 주둔하고 있던 일본군에게 야채를 공급할 목적으로 1942년에 조성했다. 제 1농장이 있던 자리에는 현재 주정부 청사, 법원, 주지사 관저, 병원, 추크 고교 등 공공시설 이 집중되어 있어 다운타운을 형성하고 있다. 사진은 병원의 일부이다.

제2농장도 군에 야채를 공급하기 위해 1942년 조성했으며, 조선인과 오키나와인 약 500명 이 있었다고 한다. 현재는 마을이 들어서 있고 경작지는 찾아보기 힘들다.

■ 추크 제도Chuuk Islands, 일제시기에는 트럭섬Truk Islands

미크로네시아 연방의 섬으로, 태평양 남서쪽에 위치한다. 야프, 코스라에, 폰페이 섬과 함께 미크로네시아 연방을 이룬다. 행정 구역상으로는 추크 주에 속한다. 미크로네시아 연방의 섬에서 가장 인구가 많은 섬이다.

추크 제도는 캐롤라인 제도의 일부로서 대항해 시대 이후에는 스페인의 통치를 받았다. 19세기 말, 독일의 통치하에 들면서 트루크 제도로 불리었다. 제1차 세계 대전 이후 일본 제국의 위임통치령 남양 군도의 일부가 되었고, 일본은 추크 제도를 트럭으로, 추크의 각 섬을 일본어식으로 바꾸어 불렀다.

일본은 나모네아스 제도Nomoneas 소속 각 섬을 사계절 이름을 따서 시키제도四季諸島라 불렀다. 현재 주정부 소재지인 웨노는 하루시마섬春島로, 일본 위임통치시기에 트럭제도의 행정중심지였던 토노와스Tonowas은 나쓰시마夏島로, 페판Fefan은 아키시마秋島로, 우만Uman은 후유시마冬島로 불렀다.

그 외 파이추크 제도Faichuk는 7요일 제도라 하여 시치요 제도七曜諸島, 우도트 섬Udot은 월요일섬이라 하여 게츠요지마月曜島로, 톨Tol은 수요일 섬이라는 의미로 스요지마水曜島로 각각 불렀다.

웨노 소재 난요척식(주) 트럭사업소 하루시마 제1농장 자리
[국무총리 소속 일제강점하 강제동원 피해진상규명위원회,
『직권조사보고서 – 남양군도지역 한인 노무자 강제동원 실태에 관한 조사(1939~1941)』, 2009, 124쪽]

제2차 세계 대전 기간 동안 추크 제도는 일본 해군의 주요 기지였다. 웨노에는 당시 일본 당국이 건설한 비행장이 있었다. 1944년 헤일스톤 작전으로 추크에서 상륙을 시도하는 미군과 이

를 막으려는 일본 해군 사이의 큰 해전이 벌어졌다. 1944년 2월 17일부터 시작한 미군의 공습으로 총 13만명의 일본군과 조선인이 사망했고, 일본은 비행기 8천기·함정 70척·선박 115척을 잃었다. 제2차 세계 대전이 끝난 이후부터 1979년 미크로네시아 연방이 독립할 때까지 추크 제도는 미국령 태평양 제도의 일부로 존재했다.

웨노 에피눕 소재 난요척식(주) 트럭사업소 하루시마 제2농장 자리
[국무총리 소속 일제강점하 강제동원 피해진상규명위원회,
『직권조사보고서 – 남양군도지역 한인 노무자 강제동원 실태에 관한 조사(1939~1941)』, 2009, 125쪽]

로타 사바나 마운틴에 있는 사탕수수농장

사바나 마운틴의 사탕수수 농장은 난요흥발(주)이 로타에서 운영한 사탕수수농장 가운데 하나다. 사바나 마운틴 지역은 해발 400m 이상의 고지대이지만, 지대가 평탄해 농지개발 에 유리한 지형을 이루고 있다. 현지인들은 사바나 마운틴 지역 전체가 난요흥발(주) 소속 사탕수수 농장이었다고 기억했다.

사바나 마운틴 지역의 사탕수수농장이 있던 곳
[국무총리 소속 일제강점하강제동원피해진상규명위원회, 2007년 6월 27일 촬영]

사이판 아스리토와 오비얀에 있던 난요흥발(주) 직영 농장 자리

난요흥발(주) 소속 농장은 사이판 아스리토와 오비얀에도 자리하고 있었다. 사이판에서 조선인 노무자들이 가장 많이 배치된 곳은 직영농장이었다. 직영농장은 아스리토 비행장으로 부터 오비얀 비치에 이르는 평지에 있었다. 군에 납품할 채소를 재배하던 곳이었다.

현재 이 지역의 대부분은 사이판 국제공항이 자리 잡고 있으며 남쪽 해안가에는 잡목이 우거져있다. 생존자들은 '조고에' 혹은 '족구'라는 마을로 기억하고 있다. 이것은 '직영'의 일본어 발음인 '초쿠에이'에서 파생했다.

■ 사이판Saipan

서태평양에 있는 미국령 북마리아나 제도에 속한 섬. 466m의 타그포차우 산을 비롯해 산이 많은 섬으로 길이는 19km이며, 가장 넓은 지점의 너비가 9km이다. 괌에서 약 200km 북쪽에 있으며, 466m의 타그포차우산을 비롯해 산이 많은 섬으로 총 면적은 115.4km²이다.

기원전 2000년 무렵부터 차모로족이 살았으며, 19세기에 캐롤라이나족이 옮겨와 살았다. 1565~1899년 스페인의 통치 아래 있던 사이판은 1899~1914년에는 독일의 지배를 받았으며, 1920년부터 일본의 신탁통치를 받았다.

일본은 관광지로서 사이판의 가능성을 발견하고 북쪽의 가라판 일대에 호텔과 리조트 등 휴양 시설을 개발하기도 했다. 초기에 설탕 생산을 위한 사탕수수를 재배하는 등 농업 지역으로 개발하다가 태평양전쟁을 앞두고 사이판을 후방 지원을 위한 병참기지로 만들었으며, 약 3만 명의 군인을 주둔시켰다. 일제시기에는 채범도彩帆島로 표기하기도 했다.

제2차 세계대전중인 1944년 6월 미군이 일본군을 격퇴한 후 미군이 지배했다. 미군은 이곳에 비행장을 건설하고, 군사기지로 삼았다. 이후 1953~62년 미국 해군의 기지로 활용되었다. 이후 국제연합의 신탁통치를 받았으나, 1986년 사이판을 포함한 북마리아나 제도가 미국령으로 편입되었다.

사이판 아스리토와 오비얀에 있던 난요흥발(주) 직영 농장 자리
[국무총리 소속 일제강점하강제동원피해진상규명위원회, 2007년 6월 29일 촬영]

40

난요척식(주) 앙가우르 광업소의
과거와 현재

난요척식(주)은 1936년부터 앙가우르 광업소를 운영했다. 그러나 앙가우르에서 인광채굴의 역사는 이전부터 시작되었다. 독일통치시대인 1909년 난요인광南洋燐鑛(주)이 시작했다. 제1차 세계대전 당시 남양군도를 점령한 후 일본정부는 광업권 및 설비 일체를 매입해 관리했다. 1922년 4월 설립된 남양청은 인광채굴과 관련된 권한을 매수하여 남양청 채광소南洋廳採鑛所를 설립하고 광산을 경영했다. 그러다가 1936년 11월 난요척식(주)이 출범하자 팔라우지청 관내 앙가우르Angaur와 얍지청 관내 파이스Fais의 인광채굴권 및 부속시설 일체를 정부현물출자로 난요척식(주)에 이관했다. 앙가우르의 인광채굴은 태평양전쟁 당시 미군과의 전투로 인해 잠시 조업이 중단되기도 했으나, 1947년부터 인광개발(주)이 위탁경영해 1955년까지 계속했다.

아래 사진 가운데 당시 사진은 1930년대 촬영한 난요척식(주) 앙가우르 광업소 모습이고, 현재 모습은 2007년에 촬영한 사진이다. 1930년대 사진은 난요척식(주)이 광업소를 이관받은 직후로 추정된다.

사진 속의 난요척식(주) 앙가우르 광업소의 운반 설비는 정제된 인광의 운반을 위한 시설로 정광공장으로부터 항구까지 이어져 있었다. 현재 앙가우르 밀림 속에는 당시 운반시설의 잔해가 남아 있다.

앙가우르 광업소 정광공장은 채굴된 원석에서 인광과 불순물을 분리하던 공장이다. 일제시기 난요척식(주)이 운영하던 이 공장은 종전 후 시설이 더욱 확충되었다고 한다. 앙가우르에서 인광을 채굴하던 일본인들은 인광개발(주)의 위탁경영이 완료된 1955년 돌아갔으며, 그 후 방치되어 있다가 1964년 태풍으로 시설이 크게 파괴되었다고 한다.

■ **앙가우르**

팔라우공화국 소속의 주. 면적은 8㎢의 작은 섬. 팔라우에서 유일하게 일본어를 공용어로 사용하지만 일상적으로는 사용하지 않는 편이다. 소수 민족은 앙가우르어도 사용하지만, 영어와 팔라우어도 사용한다.

난요척식(주) 앙가우르 광업소의 영업 당시 사진(운반시설)
[국무총리 소속 일제강점하 강제동원 피해진상규명위원회, 『직권조사보고서 – 남양군도지역 한인 노무자 강제동원 실태에 관한 조사(1939~1941)』, 2009, 105쪽/ 사진출처 : 남양협회 남양군도지부, 『남양군도사진첩』, 1938, 155쪽)

난요척식(주) 앙가우르 광업소의 정광공장 유적.
[국무총리 소속 일제강점하 강제동원 피해진상규명위원회, 『직권조사보고서 – 남양군도지역 한인 노무자 강제동원
실태에 관한 조사(1939~1941)』, 2009, 104쪽, 2007년 6월 22일 촬영]

팔라우섬 앙가우르의 옛 지도에서 보면, 섬 중앙부에 난요척식(주)이 운영한 인광산에 동원한 조선인들의 숙소가 남아 있다. 당시 난세료南星寮라 불렀던 숙소이다. 현지 주민들은, 난세료를 인광산으로 동원된 조선인의 숙소였다고 기억했다. 현재 난세료 터에는 시멘트 구조물 2동만 남아있는데, 구조물에 개수대가 설치되어 있는 것으로 보아 물탱크였로 추정된다.

앙가우르 소재 난세료의 일부.
[국무총리 소속 일제강점하 강제동원 피해진상규명위원회, 『직권조사보고서 − 남양군도지역 한인 노무자 강제동원 실태에 관한 조사(1939~1941)』, 2009, 106쪽, 2007년 6월 22일 촬영]

난요척식(주)이 운영했던 병원

팔라우섬 앙가우르에는 인광산과 광업소를 운영했던 난요척식(주) 소속 병원의 현장이 남아 있다. 작업현장에서 병을 얻거나 부상당한 조선인들이 투병생활을 하다 사망하기도 한 곳이기도 하다.

앙가우르에 소재한 난요척식(주)가 운영했던 병원 유적.
작업현장에서 병을 얻거나 부상당한 조선인들이 투병생활을 하다 사망하기도 한 곳
[국무총리 소속 일제강점하 강제동원 피해진상규명위원회, 2007년 6월 22일 촬영]

포나페의 조선인 생활 흔적

1942년 봄, 포나페로 동원된 박회동이 가족에게 보낸 편지에 동봉된 사진이다. 사진 뒷면에 1943년 4월 12일자 '검열 남양청 포나페지청檢閱 南洋廳 ボナペ支廳'이라는 스탬프가 찍혀있다.

포나페에는 난요흥발(주)이 운영하는 농장과 주정공장이 있었고, 난요척식(주)이 운영하던 농장과 난요무역(주) 소재 작업장이 있었다. 이 가운데 난요흥발 소속 농장은 섬의 동남쪽인 마돌레님Madolenihmw에 있었는데, 1939년부터 1940년까지 조선인을 동원했다. 난요척식(주) 소속 농장은 콜로니아Kolonia에서 팔리키르에 이르는 지역에 있었는데, 총 4개 농장이 있었다. 주로 1941년부터 조선인이 동원되기 시작했다. 이들 농장 가운데 주력농장은 제3농장이었다. 제3농장에서 재배한 채소는 주로 해군본부에 납품했다고 한다. 콜로니아에는 난요무역(주) 소속 작업장도 있었다.

가족들에게 사진을 보낸 박회동은 난요척식(주) 소속 농장에 동원되었다.

■ **포나페**Ponape

미크로네시아 연방 폰페이Pohnpei섬의 옛 지명. 섬 이름은 현지어로 '돌로 만든 제단pehi 위 pohn'. 미크로네시아 연방에서 면적이 가장 크고 인구가 가장 많은 섬. 일본 위임통치시기에는 남양청 소속 6개 지청 가운데 하나인 포나페 지청의 소재지였다.

1942년 봄 남양군도 포나페로 동원된 박회동이 가족에게 보낸 편지에 동봉된 사진.
사진 뒷면에 1943년 4월 12일자 '검열 남양청 포나페지청(檢閱 南洋廳 ポナペ支廳)'이라는 스탬프가 찍혀있다.
남양군도 포나페(Ponape, 현 지명 폰페이Pohnpei)(박노숙 기증)
[일제강점하 강제동원피해진상규명위원회, 『명부해제집』65쪽]

티니안은 제2차 세계대전 당시 태평양에서 미군과 일본군의 전투가 치열했던 지역이다. 전투가 치열했던 가장 큰 이유는 섬 북부에 당시 남양군도에서 가장 큰 공항이었던 하고이 비행장이 있었기 때문이다. 하고이 비행장은 일본군의 중요한 기지였고, 육해군을 합해 약 8,500명의 군인이 주둔할 정도로 규모가 컸다. 이 같은 티니안의 전략적 가치로 인해 미일 간 티니안 전투가 일어났다.

미군은 1944년 7월 24일 북부 츄로 해안으로 상륙해 8월 2일 이 섬을 점령한 후 미군은 하고이 비행장을 확장, 정비해 섬의 동부에는 웨스트 필드 비행장_{현 티니안 국제공항}을 건설하고 본격적으로 일본 본토 공습 기지로 삼았다. 원래 일본군이 건설한 활주로는 1면이었다고 하는데 미군은 점령 후 길이 2,600m 짜리 활주로 4면으로 확장했다.

미군의 티니안 점령 후 전세는 급박하게 미군의 승리로 기울어졌다. 1944년 11월 이후, 연일 일본으로 출격하는 B-29가 이 섬에서 이륙했고, 8월 히로시마와 나가사키에 원폭을 투하한 슈퍼포트리스 폭격기가 발진했기 때문이다.

하고이 비행장 건설에는 인근에 있는 난요흥발(주) 티니안제당소 직영농장 니시하고이 농구의 노무자들이 동원되었다. 이들은 활주로 건설 및 군사 시설 구축 공사에 투입되었다.

티니안 노스필드 활주로 인근 방공호 내부는 2열로 정렬할 수 있을 정도의 넓이로 되어 있다. 방공호 곳곳에 전쟁 당시 폭격을 맞은 흔적이 남아있다.

티니안 노스필드 소재 하고이 비행장
[국무총리 소속 일제강점하 강제동원 피해진상규명위원회, 2007년 6월 26일 촬영]

티니안 노스필드 활주로 인근 방공호
[국무총리 소속 일제강점하 강제동원 피해진상규명위원회, 2007년 6월 26일 촬영]

45

난요흥발(주) 포나페 주정공장

난요흥발(주)은 1920년 설립 직후 사이판이나 티니안의 경작지에서 사업을 펼쳤다. 각지에서 사탕수수농장을 운영하고, 설탕을 가공한 제당업製糖業과 주정업酒精業·전분·수산·제빙공장을 운영했다. 그 가운데 하나가 폰페이 마돌레님 레다우에 있는 주정공장이다.

난요흥발(주)이 폰페이에 전분澱粉공장을 설치하고 조업을 시작한 것은 1935년 2월이었다. 원래 제당공장으로 건설되어 있으나, 주정공장을 거쳐 나중에는 전분공장으로 운영되었던 것으로 알려져 있다. 폰페이의 전분공장은 고구마나 카사바를 원료로 하는 타피오카 제조공장이었으나 1940년 10월 이후 사탕수수를 원료로 하는 무수주정공장無水酒精工場으로 전환했다.

공장유적의 위치가 마돌레님 중에서도 레다우 지역인 점으로 볼 때 난요흥발(주) 농장의 주된 무대가 이 일대였던 것으로 추정된다. 무수주정공장의 철골-콘크리트 구조물은 현재까지도 남아있다.

폰페이 마돌레님 레다우의 난요흥발(주) 주정공장

[국무총리 소속 일제강점하 강제동원 피해진상규명위원회, 『직권조사보고서 – 남양군도지역 한인 노무자 강제동원 실태에 관한 조
사(1939~1941)』, 2009, 131쪽]

팔라우 코로르에 있는
'아이고 다리'

팔라우에는 여러 곳에 '아이고 다리'라는 이름의 교량이 있다. 조선인 노무자와 군무원들이 건설했는데, 작업이 너무 고되어 '아이고!'를 연발했고, 그것이 다리이름이 되었다고 한다.

현지인 설명에 따르면 팔라우에서 낮은 제방형식의 다리는 모두 아이고다리라고 부른다고 한다. 사진속의 아이고다리는 가장 대표적인 것으로 코로르와 네레케베상을 연결하는 다리다.

팔라우 코로르의 아이고 다리
[국무총리 소속 일제강점하 강제동원 피해진상규명위원회, 2007년 6월 24일 촬영]

펠렐리우 소재 채석장, 지하시설,
일본군 사령부 유적

팔라우섬 소속 펠렐리우는 태평양전쟁역사에서 치열한 전투를 한 지역의 하나였다. 9월 15일 시작한 펠렐리우 전투는 11월 27일에 끝났는데, 미군 사령관은 4일 안에 섬을 탈환할 수 있다고 예측했지만, 전투는 두 달 이상을 끌었다. 펠렐리우의 비행장을 차지하려고 미군은 집중 포화를 퍼부었다. 미군 4만 7천여 명과 일본군 1만 3천여 명이 투입됐다. 미군 피해는 사망 1천 500명, 부상 6천여 명이었고, 일본군 피해는 사망 1만 명, 체포 202명이었다.

전투는 처참함 그 자체였다. 굴속으로 피난 간 사람들이 굴 안에서 전멸하기도 했다. 지금도 펠렐리우 이곳저곳에는 당시 폭격을 피해 들어갔던 굴과 비행기 기름저장소가 그대로 남아 있다.

두 번째 사진은 펠렐리우 소재 일본군사령부 건물 내부 사진이다. 펠렐리우는 일본군의 주요기지로 섬 전체가 요새화되어 있었다. 펠렐리우는 지리적으로 뉴기니아와 필리핀 중간에 위치하고 있어 전술적 가치가 큰 섬이었기 때문에 1944년 9월부터 미군과 일본군은 이 섬에서 격전을 치르기 시작했다. 미군의 우세한 화력에 밀린 일본군은 패퇴를 거듭했고 결국 12월 31일 대본영은 펠렐리우에서 일본군의 패배를 선언했다.

세 번째 사진인 펠렐리우 그라베스 소재 채석장은 활주로를 건설하기 위한 작업장이었다. 활주로 북쪽에 인접한 곳에 당시의 채석장이 남아있다. 당시 동원된 조선인들은 채석장에서 돌을 캐어 운반했다. 펠렐리우는 산호가 융기한 섬으로, 채석장에서 생산되었던 돌은 산호가 굳은 석회질 암석이었다. 그러므로 채석 작업은 조선인들에게 많은 고통을 안겨준 작업이었을 것이다.

■ 펠렐리우섬Peleliu Island

팔라우의 섬 중 하나. 팔라우 제도의 주요 섬 중 하나인 팔라우 주요 제도의 남서부에 위치한다. 북동쪽에 카프 섬과 첼바체브 제도를 끼고 옛 수도 코로르 섬과 현 수도 바벨다오브 섬이 있고, 남서쪽으로는 앙가우르 섬이 존재한다. 펠렐리우주에 속해 있으며, 펠렐리우주 주민의 대부분이 이 섬에 거주하고 있으며, 주의 중심이기도 하다. 섬에는 클루클루베드, 옹게우이델, 이멜레촐, 라데미상 등 4개의 마을이 있는데, 라데미상 이외는 북부에 집중되어 있어 많은 주민들이 클루클루베드에 거주한다.

펠렐리우 소재 일본군 지하시설
[국무총리 소속 일제강점하 강제동원 피해진상규명위원회, 2007년 6월 22일 촬영]

펠렐리우 소재 일본군사령부 건물 내부

[국무총리 소속 일제강점하 강제동원 피해진상규명위원회, 『직권조사보고서 – 남양군도지역 한인 노무자 강제동원
실태에 관한 조사(1939~1941)』, 2009, 108쪽/2007년 6월 22일 촬영]

펠렐리우 그라베스 소재 채석장

[국무총리 소속 일제강점하 강제동원 피해진상규명위원회, 『직권조사보고서 – 남양군도지역 한인 노무자 강제동원
실태에 관한 조사(1939~1941)』, 2009, 107쪽/2007년 6월 22일 촬영]

48

일본군, 패배를 껴안고
– 티니안과 사이판의 '만세절벽'

1944년 6월 15일, 미군은 마라이나제도 사이판에 상륙했다. 이후 파죽지세로 몰려드는 미군의 기세에 밀려 7월 7일 3만 명에 달하는 일본군 수비대가 전멸하고 와중에 일반 주민도 1만 명 정도 사망했다.

같은 해 7월 24일, 미군이 티니안에 상륙했다. 8월 1일에는 공식 점령을 선언했으나 여전히 티니안 섬에는 일본군이 남아 있었다. 8월 3일 패퇴하던 일본군 수비대 8천명이 전멸함으로써 미군의 티니안 점령은 끝이 났다.

일제 말기 남양군도에서 전사한 일본군에 대해 일본의 공식 보고나 언론 기사에서는 모두 일본군이 미군과 접전 끝에 '항복하지 않고 천황폐하 만세를 부르며 뛰어'내렸다고 표현했다. 그러나 실제는 '강요당한 자살'이었다. 해안가 절벽으로 밀려오다가 더 이상 밀려날 곳이 없는 상황에서 남은 것은 항복이었다. 그러나 일본군 병사들은 항복을 선택할 자유가 없었다. 1941년 1월 8일, 육군대신이었던 도조 히데키東條英機가 일본군에 발령한 훈유訓諭인 '전진훈戰陣訓' 때문이었다.

전진훈에는 무조건적인 항복 금지가 명확히 적혀 있다. "부끄러움을 아는 자는 강하다. 항상 고향과 가문의 명예를 생각해서 더더욱 분발하여 기대에 답할 것이며 살아서 포로가 되는 치욕을 당하지 말고 죽어서 죄과의 오명을 남기는 짓을 하지 말라"제2장 5절 이 구절에 따라 일본군은 '후퇴'도 '항복'도 하지 못했다.

그러나 1945년 7월, 일본군의 최고 수장이었던 '대원수 히로히토'는 자신의 지위를 지키기 위해 구소련에 '천황의 군대'일본군 중에서 65만 관동군을 내주겠다고 제안했다. 자신의 병사를 내 주고 천황 자리를 보존하겠다는 심산이었다. 구소련의 거부로 교섭은 이루어지지 않

일본군 수비대 3만명의 목숨을 앗아간 사이판 북동부 최북단에 위치한 해안절벽 [국무총리 소속 일제강점하 강제동원 피해진상규명위원회, 2007년 6월 30일 촬영]

았으나 65만 관동군은 시베리아 유형 생활을 피할 수 없었다. 이것이 바로 제국주의 일본 천황의 민낯이다.

1944년 7월 7일 전쟁에 패한 사이판의 일본군 수비대가 목숨을 잃은 '만세절벽' 주변에 일본 각 지역의 '위령비'가 즐비하다. 사이판의 현장은 2005년 일본 아키히토明仁 천황의 참배를 비롯해 다수의 일본 정치가들이 찾는 곳이기도 하다.

1944년 8월 3일, 전쟁에 패한 티니안의 일본군 수비대 7천명이 목숨을 잃은 일명 '만세절벽'
[국무총리 소속 일제강점하 강제동원 피해진상규명위원회, 2007년 6월 25일 촬영]

49

남양군도에서 돌아온
조선인들의 이름

1944년부터, 일본에서 '격전지'라고 불렸던 중부 태평양 지역에서 전쟁의 포화가 그치기 시작했다. 전쟁이 끝나가는 것이다. 미군이 중부 내평양의 섬들을 하나하나 점령할 때 마다 섬에 갇혀 주린 배를 움켜쥐던 조선인의 생활은 끝났다. 무시무시한 폭격도 사라졌다. 동남 아와 태평양 지역의 전쟁은 끝났으나 제2차 세계대전은 아직 끝나지 않았다. 이탈리아도 독 일도 모두 항복했으나 일본이 항복하지 않고 있었기 때문이다. 그러다가 1945년 8월 14일 일 본 천황은 포츠담 선언 수락 문서에 서명을 하고, 15일 정오 라디오방송을 통해 공표했다.

1945년 9월 2일, 아이라이Airai 앞 바다에 정박한 미군 구축함에서 미일 정전문서 조인식 을 가진 후, 미군은 남양청 본청이 있던 팔라우에 미군정청을 설치했다. 이제 전쟁은 완전 히 끝났다. 아시아태평양전쟁도, 제2차 세계대전도 모두 끝났다.

전쟁을 마친 후, 일본이 남양군도라고 불렀던 중부 태평양에 동원된 조선인들은 수용소를 나와 귀국길에 올랐다. 이들의 귀국을 담당했던 미군은 관련 자료를 남겼다. 1945년 10월 16일부터 1946년 3월 28일까지 배에 오른 조선인들의 명단이다.

자료의 제목이 없어서 '승선자 명부'라고 하기도 하고 '귀환자 명부'라고도 부른다. 배를 타고 올 때 작성했으니 승선자 명부라는 말도 맞고, 고국으로 돌아올 때 만든 명부니까 귀환자 명부도 맞는 말이다.

자료 내용 남양군도 귀환자 명부

남양군도 귀환자 명부는 태평양전쟁 종전 후 연합군이 작성한 자료다. 남양군도 재류 조선인의 본국 송환을 위해 미군이 직접 작성하거나 미군의 명령에 의해 일본인이 작성했다고 한다.

현재 미국립문서기록청(NARA)에 있고, 국내에도 여러 기관이 소장하고 있다. 국내에서는 국사편찬위원회가 입수해 2006년 8월 11일에 일반에 공개했다. 미국 국립문서기록청에 Records Group 313 미해군태평양함대 일본인송환자기록 1945~1946 중 한국인승선자귀환명단자료라는 이름으로 보관되어 있다.

총 39권의 문서철에 11,324명이 등재되어 있다. 이 가운데 민간인(노무자와 가족들)은 7,105명이고, 군무원은 3,990명, 군인은 229명이다. 이들이 출항한 항구는 사이판, 티니안, 팔라우, 로타, 축이다. 명부에는 성명, 성별, 나이, 직업, 귀환지, 소속부대, 동원 전 국내 주소 및 본적지 등이 기재되어 있다. 자료는 한자와 영어를 함께 사용했다.

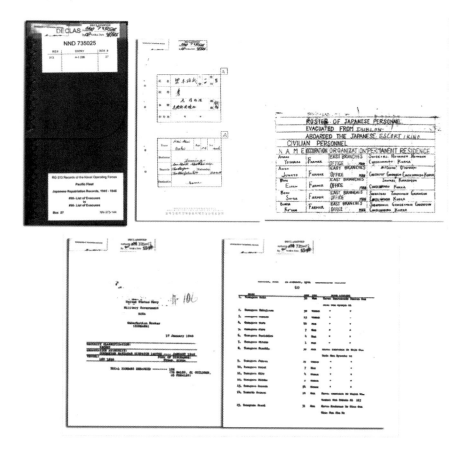

50
—
돌아오네, 돌아왔네

남양군도귀환자명부의 주인공 가운데 팔라우에서 귀국선을 타고 돌아온 이들에 관한 기사다. 꿈에 그리던 고향 땅을 밟은 조선인들 이야기다. 이들은 당초 약속과 달리 빈손으로 고향으로 돌아왔다. 물론 10년 후에 주겠다던 자작농 문서는 없었다. 그래도 전쟁 통에 다치지 않고 무사히 돌아온 것만으로도 감격스러운 순간이었다.

물론 현지에서 사망한 가족의 유해를 품고 돌아와야 했던 어린 소녀도 있었고, 폭탄의 파편으로 얻은 부상의 흔적을 고스란히 안고 돌아오던 소년도 있었다. 고향이라고 돌아가기는 하지만 앞으로 살아갈 길을 생각하면 막막하기도 했다. 그래도 귀국은 감격이고 환희였다.

신문에서는 1600명이 돌아왔다고 보도했는데, 남양군도귀환자명부에 이름이 올라간 조선인은 노무자가 2,763명_{남성 2,311명, 여성 452명}이고, 군 소속이었던 군무원은 589명이다.

남양군도귀환자명부에는 1945년 10월 16일부터 1946년 3월 28일까지 귀국선을 타고 고향으로 돌아간 조선인의 명단을 수록했다. 아래 신문기사는 그 가운데 한 척의 배에 탄 사람들 이야기로 보인다.

자료 원문 1600명이 상륙, 징용으로 남양에 끌려갔던 동포들
[一千六百名이 上陸, 徵用으로南洋에끌려갔든同胞들 : 중앙신문 1946년 1월 31일자]

〈부산지국특전[*부산지국특별전보]〉 일본제국주의 및 그 주구들의 채찍질에 못 이기어 마음에 없는 징용으로 멀리 남양제도 파라오로 끌려갔던 우리 동포 1600명은 미국 군무성의 온정으로 미국 군함을 타고 지난 26일, 27일 양일에 걸쳐 부산부두에 상륙하였는데, 부두에는 돌아오는 사람을 맞이하려는 친족과 지인들로 일시 혼잡하였다.

〈참고문헌〉

1. 자료

『南洋農業移民關係綴−昭和14年』(국가기록원 소장).

『南洋行農業移民關係−昭和14~15年』(국가기록원 소장).

『南洋行勞動者名簿綴−昭和14年』(국가기록원 소장).

『半島移民關係』(미국 의회도서관 소장).

『南洋群島基地建設輸送記錄』(일본 방위성 방위연구소도서관 소장).

『南洋廳統計年鑑』(아시아역사자료센터).

『南洋群島要覽』(아시아역사자료센터).

『南洋群島人口動態年表』(아시아역사자료센터).

『매일신보』,『조선일보』,『동아일보』,『중앙신문』.

日本外事協會 編,『南方政策を現地に視る』, 東京 : 高山書院, 1937.

朝日新聞大阪本社 編,『南方圈要覽』, 朝日新聞社, 1942.

大藏省管理局,『日本人の海外活動に關する歷史的調査』通卷第20冊 南洋群島篇 第 1分
    冊, 1948.

전경운『남양살이 40년을 회고』(1981. 작성 자필 수기).

전경운,『韓族 2世 3世가 天仁安島에 살고 잇는 混血兒들』(1995.7.2. 작성 자필 수기).

2. 단행본

Mark R. Peattie, 'Nanyo - The Rise and Fall of the Japanese in Micronesia, 1885-1945',
    1988. University of Hawaii Press. Honolulu.

해외희생동포추념사업회,『중부태평양지역 희생자 무연고유골 현황조사 결과보고』,
    1995.

국무총리 소속 일제강점하 강제동원 피해진상규명위원회,『명부해제집1』, 2009.

국무총리 소속 일제강점하 강제동원 피해진상규명위원회, 『직권조사보고서 – 남양군도 지역 한인 노무자 강제동원 실태에 관한 조사(1939~1941)』, 2009.

국무총리 소속 대일항쟁기 강제동원피해 조사 및 국외 강제동원 희생자 등 지원위원회, 『실태조사보고서 – 1944년도 남양청 동원 조선인 노무자 피해실태조사』, 2012.

허광무 외, 『일제강제동원 Q&A 1』, 선인출판사, 2015.

정혜경, 『아시아태평양전쟁에 동원된 아이들』, 섬앤섬, 2019.

3. 연구논문

今泉裕美子, 「朝鮮半島からの南洋移民」, 『アリラン通信』32號, 2004年 5月號.

今泉裕美子, 「日本の軍政期南洋群島統治(1914-22)」, 『國際關係學研究』No.17, 東京 : 津田塾大學, 1991.

今泉裕美子, 「南洋群島」, 『具志川市史』第4卷 移民・出稼ぎ論考編, 具志川市敎育 委員會, 2002.

今泉裕美子, 「サイパン島に於ける南洋興發株式會社と社會團體」, 『近代アジアの日 本人經濟團體』, 同文館出版株式會社, 1997.

樋口雄一, 「植民地下朝鮮における自然災害と農民移動」, 『法學新報』109, 2002.

今泉裕美子, 「南洋興發株式會社・南洋拓殖株式會社 : 南洋政策を支え廳二大企業」, 『ミクロネシアを支る廳めの58章』, 明石書店, 2005.

今泉裕美子, 「南洋群島の玉碎と日本人移民」, 『戰爭と日本人移民』東洋書林, 1997.

今泉裕美子, 「南洋群島經濟の戰時化と南洋興發株式會社」, 『戰時アジアの日本經濟 團體』, 日本經濟評論社, 2004.

정혜경, 「공문서의 미시적 구조 인식으로 본 남양농업이민(1939~1940)」, 『한일민족문제연구』3, 2002.

정혜경, 「일제 말기 '남양군도'의 조선인 노동자」, 『한국민족운동사연구』제44집, 2005.

정혜경, 「1920~30년 식민지 조선과 '남양군도'」, 『한국민족운동사연구』제46집, 2006.

김도형, 「중부태평양 팔라우 군도 한인의 강제동원과 귀환」, 『한국독립운동사연구』 제26집, 2006.

정혜경, 「1920~30년대 식민지 조선의 신문기사에 투영된 '남양군도'」, 『일제의 식민지 지배정책과 매일신보 1920~30년대 – 식민지 동화정책과 협력 그리고 인식』, 두리미디어, 2007.

김명환, 「1943~1944年 팔라우(Palau)지역 조선인 노무자 강제동원」, 『한일민족문제연구』 제14호, 2008.

김명환, 「일제말기 조선인의 남양군도 이주와 그 성격(1938~1941)」, 『한국민족운동사연구』 제64호, 2010.

정혜경, 「다시 쓰는 1939~1940년간 '남양군도 송출 조선인 관련' 문서철 3종」, 『일본제국과 조선인 노무자 공출』, 선인, 2011.

김명환, 「남양군도 귀환자명부를 통해 본 해방 직후 조선인의 남양군도 재류현황」, 『한국근현대사연구』 제85호, 2018.